양승헌의
어린이 사역교본

어린이를 예수님께

양승헌 지음

어린이를 예수님께

1쇄 발행 2024년 4월 22일

지은이 양승헌
펴낸이 고종율
펴낸곳 주)도서출판 디모데〈파이디온선교회 출판 사역 기관〉
등록 2005년 6월 16일 제 319-2005-24호
주소 서울특별시 서초구 서초대로 141-25(방배동, 세일빌딩)
전화 마케팅실 070) 4018-4141
팩스 마케팅실 02) 6919-2381
홈페이지 www.timothybook.com

ISBN 978-89-388-1705-1 (03230)
ⓒ 2024 도서출판 디모데 All rights reserved. 〈Printed in Korea〉

양승헌의
어린이 사역교본

어린이를 예수님께

양승헌 지음

추천하는 글

홍정길(남서울은혜교회 원로목사)

　반만년 역사의 이 땅에 복음이 들어와 자유민주주의 대한민국의 근간을 세웠습니다. 그리고 지금 우리는 국가 안에서 개인의 자유를 누리는 70년의 역사를 살고 있습니다. 이 짧은 시간에 은둔의 국가에서 세계에 유례가 없는 국가 발전을 이루어 우리는 지금 풍요의 시대를 살아갑니다. 그러나 우리는 그 풍요를 누리는 동시에 국가 소멸을 염려하기도 합니다. 외부의 침입도 경제적인 이유도 아닌 저출산으로 인한 인구 소멸의 문제입니다. 이를 두고 국가적으로 여러 방법을 강구하며 애쓰고 있습니다. 그런데 자유민주주의의 근간을 일으켜 세운 한국 교회는 이보다 더 빠른 소멸을 눈앞에 두고 있습니다. 너무나 안타깝게도 많은 교회와 예수 믿는 가정에서 신앙 전수가 제대로 이루어지지 않고 있기 때문입니다. 이를 좌시하다가는 인구 절벽보다 더 빨리 교회의 몰락을 보게 될지도 모릅니다. 그런데도 정작 교회는 실제로 문제를 해결하고자 몸부림치며 노력하지 않습니다. 물론 기도하고 염려하지만 정작 구체적인 방법도 모릅니다.

양승헌 목사님은 평생을 어린이 신앙교육을 위해 노력하신 분입니다. 20세부터 70세가 된 나이까지 쉬지 않고 오직 어린이의 영혼을 위해 헌신하셨습니다. 댈러스 신학교와 트리니티 신학교에서 뛰어난 성적으로 공부하며 괄목할 만한 연구를 했지만, 그의 관심은 대학에서 학문을 가르치는 것이 아닌 오직 어린이, 청소년의 신앙교육이었습니다. 흔히 어린이 사역을 목회 중에서도 가볍게 여기는 경우가 있습니다. 그러나 양 목사님은 이에 아랑곳하지 않고 어린이 신앙을 위해 끊임없이 노력하셨습니다. 그런 그가 평생의 사역을 담아 『어린이를 예수님께』라는 책을 썼습니다. 이처럼 애쓰고 노력해서 쓴 책을 근래에 본 적이 없습니다.

이 책은 그간의 오랜 연구와 파이디온 사역을 통해 얻은 다양한 경험을 모아 어린이의 성장 과정과 양육 그리고 그들을 주님께 인도하는 방법을 체계적이고도 구체적으로 서술했습니다. 글을 읽다 보면 어느 한 부분을 강조하기 어려울 정도로 책 전체가 매우 밀도 있게 쓰였습니다. 그리고 어린이의 신앙은 예수 그리스도와 올바른 관계를 맺고, 그 관계가 인격적으로 성장하는 데 달려 있음을 알려줍니다. 글을 읽으면서 오랜만에 생명의 감동을 주는 글을 만나 감사와 감탄이 동시에 터져나옵니다. '어린이를 예수님께.' 그렇습니다. 신앙은 개념이 아니라 '예수님께로'입니다. 오늘날 너무 많은 신학자가 신앙을 개념으로 말합니다. 아닙니다. 생명 되신 예수님이 오늘도 나를 만나주시고 교제해주시는 것보다 더 중요한 일은 우리에게 없습니다. 신앙으로 가득한 이 책은 어느 한 장을 펼쳐도 쉽게 지나갈 수 없는 내용으로 채워져 있습니다.

성경에서 가장 크고 위대한 하나님의 축복은 바로 '나는 아브라함의 하나님이고, 나는 이삭의 하나님이며, 야곱의 하나님이다'라는 신앙의 전수입니다. 이것은 개인적으로도 제가 하나님께 반드시 들어주시기를 간구하는 기도입니다. 이 하나만은 꼭 허락해주시옵소서. 이 축복만은 우리 가정에 꼭 실현되게 도와주옵소서. 하나님이 허락해주신다면 더 이상 저는 구할 것이 없습니다. 이런 축복이 가득한 이 책을 모든 목회자에게 권합니다. 영혼을 알지 못하고, 생명을 알지 못하면 올바른 목회를 할 수 없습니다. 그리고 이 땅에 바른 신앙을 가지고 사는 모든 부모님에게 권합니다. 이 귀한 신앙이 전수되고 하나님의 계획이 실현되는 가장 적합한 공간이 바로 가정입니다. 가정의 소중함을 모르는 시대에 그 가치와 영광이 드러나고, 한국 교회를 다시 살리는 원동력이 되는 놀라운 은혜가 있기를 소원합니다. 진심으로 책의 출간을 감사하며, 크신 하나님께 감사와 찬송을 돌립니다.

박상진(장신대 명예교수, 한동대 석좌교수, 기독교학교 교육연구소 소장)

우리나라에서 어린이를 사랑하는 사람은 많을 것입니다. 거의 모든 교회학교 교사, 어린이 사역자, 목회자가 어린이를 사랑한다고 고백할 것입니다. 그러나 이 땅의 어린이들을 위해 자신의 삶을 온전히 바친 사람을 찾기는 쉽지 않습니다. 그런데 여기, 평생을 오직 어린이 사역에 헌신한 분이 있습니다. 바로 이 책의 저자인 파이디온선교회 설립자 양승헌 목사님입니다. 그는 자신이 거쳐온 어린이 사역의 여정을 파노라마처럼 회고하며, 마치 포도 열매를 짜서 진한 포도즙을 내듯이 사역의 모든 비결을 한 권의 저서로 농축했습니다. 이 책을 읽노라면 그가 얼마나 어린이를 사랑하는지가 느껴지고, 아이들을 예수님께 인도하고자 몸부림쳤던 그의 삶이 독자를 전율하게 합니다. 이 책은 오늘날 다음 세대에 신앙이 전수되지 못하는 위기 앞에서 후배 사역자들을 향해 온몸으로 외치는 저자의 절박한 소리입니다. 그러나 이론이나 지식이 아닌 저자가 지난 50년간 사역의 현장에서 생생하게 경험한 살아 있는 이야기를 독자와 대화하듯 진솔하게 나누는 글 속에서 우리는 다시금 교육의 희망을 찾게 될 것입니다. 한국 교회의 모든 목회자, 교회학교 교사, 어린이 사역자가 꼭 읽어야 할 필독서입니다.

김요셉(원천침례교회 대표 목사, 수원중앙기독초등학교 교목)

중앙기독학교에서 어린이들과 30년 동안 사역하면서 가장 많은 도전과 격려를 주신 분이 양승헌 목사님입니다. 목사님이 우리 학교와 교회에 오셔서 강의하실 때마다 큰 감명을 받는 이유는 단순히 강의를 유창하게 하시기 때문만이 아닙니다. 양승헌 목사님이야말로 제가 가장 중요하게 여기는 가르침의 원리를 따라 삶으로 가르치시는 분이기 때문입니다. 전 세계에서 양승헌 목사님만큼 어린이 사역에 대해 삶으로 터득한 지혜가 많은 사람은 찾기 어려울 것 같습니다. 어린이를 위해 반세기 동안 헌신하신 양승헌 목사님의 이 책이야말로 수많은 서적 중 매그넘 오퍼스(*magnum opus*)가 아닐까 싶습니다.

서정인(한국컴패션 대표)

작은 어린아이가 초롱초롱한 눈망울로 쳐다볼 때면 찬양이 저절로 나옵니다. 이토록 놀라운 존재를 우리에게 보내신 하나님께 감사한 마음 때문이지요. 이런 어린이를 제자로 양육하는 데는 많은 품이 듭니다. 실은 마음이 더 많이 들지요. 그래서 어렵습니다. 70여 년 전, 한국 어린이를 돕기 위해 시작된 컴패션의 전 총재 웨스 스태포드(Wess Stafford) 박사는 말했습니다. "어린이 사역이 얼마나 중요한지 한국교회가 전 세계를 깨워주셔서 감사하다"고요. 양승헌 목사님은 바로 이러한 감사를 받아야 할 분입니다. 한평생 보여주신 어린이를 향한 한결같은 진심과 탁월함, 그 열정으로 초대해주셔서 정말 감사합니다.

고종율(파이디온 선교회 대표)

어린이 사역을 접하는 사역자나 교사는 대부분, 교회의 임명을 받아 헌신하거나 교역자가 되기 위한 과정으로 어린이 사역을 담당하게 되는 경우가 많습니다. 그래서 사역을 먼저 시작하고 난 다음에서야 '어린이 사역'이 무엇이고, '무엇을 어떻게 해야 하는가?'의 답을 찾기 시작합니다. 그러나 그 해답을 찾으려고 해도 답을 주는 마땅한 책이나 글도 없고, 자료도 없습니다. 그저 몸으로 부딪치는 것이 대부분입니다. 이때가 바로 이 책이 필요한 시점입니다. 어린이 사역을 하다가 좌표를 잃어버릴 때 이 책을 읽어야 합니다. 어린이 사역을 하는 분들이 교육 계획을 세우기 위해 교육적 기초를 찾을 때 이 책을 읽어야 합니다.

이 사역교본은 단순한 이론서가 아닙니다. 양승헌 목사님이 반세기 동안 어린이 사역을 하면서 직접 체험한 것이 이 책의 기초입니다. 또 전문적인 교육학자로서, 대학원에서 교육학 과정을 가르친 교수로서 쌓아오신 이론을 교육 현장의 실제에 녹여 풀어서 쓴 책이기도 합니다. 그래서 쉽습니다. 뿐만 아니라 어린이 사역의 모든 베이직을 알려줍니다. 현장에서 다음 세대 사역을 하는 저도 이 책을 기다리고 있었습니다. 저와 함께 사역하고 있는 모든 사역자에게 이 책을 읽게 하고, 준비된 사역자로 세워갈 계획입니다. 모든 어린이 사역자에게 일독을 강권합니다. 교회의 교육사역자를 세우시는 담임 목사님들께도 일독을 권합니다. 진정으로 어린이를 사랑하는 교사들께도 이 책을 권합니다. 주님이 사역자들을 준비되게 하실 것이고, 이를 통해 사역 현장에서 일어나는 생생한 사역의 역사들을 기록하게 할 것입니다.

차례

추천하는 글 _5
들어가는 글 _15

1장. 나의 어린이 사역 여정 _24

2장. 어린이 사역, 무엇인가? _34
- 어린이 사역의 첫 번째 키워드: 예수님
- 어린이 사역의 두 번째 키워드: 어린이
- 어린이 사역의 세 번째 키워드: 사역
- 어린이 사역의 개념 확장

3장. 어린이 사역, 왜 해야 하는가? _60
- 어린이 자신 때문입니다
- 우리의 내일 때문입니다
- 하나님 나라 때문입니다
- 사역에 실패할 경우 우리에게 닥칠 위험 때문입니다

4장. 어린이 사역, 언제 해야 하는가? _80
- 왜 어린 시기인가?
- 무엇을 해야 하나?

5장. 어린이 사역, 어디에서 해야 하는가? _118
- 가정에서
- 신앙 공동체에서
- 학교에서

6장. 어린이 사역자, 그는 누구인가? _150
- 어린이 사역자의 영광
- 어린이 사역자의 동기
- 어린이 사역자의 동력
- 어린이 사역자의 상급

7장. 어린이 사역, 어떻게 해야 하는가? _188
- 한 목표
- 두 장비
- 세 역할
- 네 동역자
- 다섯 가지 역할

나가는 글 _220

주 _226
부록 "내일을 보리"(교사의 노래) _235

들어가는 글

　　이 책은 기독교 교육대학이나 대학원에서 교과서처럼 읽도록 쓰인 학문적인 책이 아닙니다. 교육학자로서 서재에 앉아 여러 책과 이론을 연구하며 쓴 책도 아닙니다. 오히려 사역 현장이라는 피 튀기는 전쟁터의 벙커에 쭈그려 앉아 적어두었던 '메모 정리'라고 부르는 편이 더 어울릴 것 같습니다. 부모든, 주일학교 교사든, 교회의 교육 리더십 담당자든, 어린이를 세우는 모든 사람이 영적 전투에서 승리하도록 정리한 전투 지침서입니다.

　　이 책을 쓰는 목적은 세 가지입니다. 첫째, 당신을 깨우기 위해서입니다. 지금은 위기의 때입니다. 우리는 이를 절박하게 인식해야 합니다. 사실 코로나19가 시작되기 전부터 한국 교회는 이미 영적 흉년에 접어들고 있었습니다. 흉년이 들면 세 가지 위기가 찾아옵니다. 먼저 소출이 급감하는 양적 위기가 닥칩니다. 그리고 품질이 낮은 함량 미달의 제품이 생산되는 질적 위기가 찾아옵니다. 마지막으로 가장 큰 문제는 다음 해까지 농사를 이어갈 충실한 종자를 확보하기 어려운 지속성의 위기가 오는 것입니다.

영적인 흉년도 크게 다르지 않습니다. 한국 교회는 그 숫자가 줄어들고 있습니다. 출산율 저하에 따른 인구 절벽도 문제지만, 믿는 가정의 자녀들마저 믿음을 이어받지 못한 채 교회를 떠나고 있는 현실이 더 마음 아픈 문제입니다. 한국 교회의 풍년기에 교회를 지켜왔던 베이비붐 세대가 나이 들면서 교회는 급격히 노령화되고 있습니다. 서구 교회를 휩쓴 '늙고 작은 교회'의 쓰나미는 우리에게도 밀어닥치고 있습니다.

이 영적 흉년이라는 위기의 때에 양적 감소보다 더 심각한 문제는 질적인 악화입니다. 흉년이 들면 곡식이 영글지 못하고 쭉정이로 말라버립니다. 쭉정이란 그럴듯한 형태도 있고 껍질도 있지만, 정작 그 속에 알맹이가 들지 않은 곡식이나 과실 따위의 열매를 말합니다. 쭉정이를 생각하면, 껍데기는 있는데 내용이 없는 아이들의 영적인 모습이 겹쳐 보입니다. 이 아이들은 피리를 불어도 춤추지 않고, 슬피 울어도 가슴을 치지 않습니다. 이전 그 어느 세대보다 더 현세적이고, 더 개인주의적이며, 더 자기중심적이고, 더 형식적인 신앙이 한국 교회에 팬데믹처럼 번져가고 있습니다. 성경 진리와 바른 교리에 대한 우리 아이들의 영적 문맹 수준을 볼 때마다 많이 민망합니다.

그러나 가장 심각하게 인식해야 할 문제는 한국 교회가 앞으로 존속할 수 있느냐 하는 것입니다. 가나안 2세대 같은 이 시대 부모 세대의 신앙생활은 아이들이 가나안 3세대처럼 자라도록 방조하고 있습니다. 한국 교회에서 믿음의 세대가 단절되는 위기[계대(繼代)단절 혹은 열성계대(熱誠繼代)의 위기]는 현실이 되고 말았습니다.

하나님은 이 위기를 기회로 바꿀 동역자로 당신을 부르십니다. 주위를 두리번거리지 마십시오. 하나님의 눈이 당신을 바라보고 계십니다. 지금 당신 앞에 있는 육신의 자녀와 영적인 자녀를 이 땅에 주님의 교회를 이어나갈 알곡으로 키울 사람이 당신 말고 누가 있겠습니까?

볍씨 한 톨 속에는 온 세상을 뒤덮을 벼가 들어 있습니다. 마찬가지로 하나님이 우리에게 위탁하신 한 아이 속에도 우리의 내일이 있습니다. 우리는 아이들을 세상 바람에 날리는 쭉정이가 아닌, 예수님의 생명이 그 속에 꽉 들어차 있는 알곡

▶ 우리는 아이들을 예수님의 생명이 그 속에 꽉 들어차 있는 알곡 백성으로 키워야 합니다.

백성으로 키워야 합니다. 비황저곡(備荒貯穀, 흉년에 대비하여 미리 저장해둔 곡식)이 되도록 어린 영혼이 예수님과 개인적인 관계를 맺게 해주어야 합니다. 어려서부터 예수님을 알고, 예수님을 사랑하며, 예수님께 순종하고, 예수님을 닮아가는 '작은 예수'로 세워야 합니다. 주님이 보시기 원하는 우리의 내일을 한 아이에게 심어야 합니다. 그런데 누가 이 일을 해야 할까요? 하나님의 시선을 피하지 마십시오. 하나님은 당신을 바라보고 계십니다.

이 책을 쓰는 두 번째 목적은 당신에게 유용한 자원을 제공하기 위해서입니다. '아는 사람이 모르는 사람에게.' 이것은 우리가 삶을 배우는 가장 근본적인 방식입니다. 말도, 글도, 음식을 만드는 일도, 집을 짓는 일도 다 그렇게 배웠습니다. 우리는 복음도 그렇게 배웠습니다. '아는 사람이 모르는 사람에게.' 이것은 세상을 변화시키고, 세계 역사를 바꾸는 가장 중요한 방식입니다. 제자를 세운다는 것은 특정한 사람들이 특정한 프로그램을 수행하는 것이 아닙니다. 아는 사람이 모르는 사람에게 자신이 아는 것을 가르쳐주는 것입니다.

긴 세월 어린이 사역자로 살아오면서 저는 많은 보람과 기쁨, 많은 실수와 시행착오를 경험했습니다. 그리고 이 모든 것을 통해 풍성한 지혜와 교훈과 은혜를 받았습니다. 이 선물은 당신과 나누어야 할 하나님 나라의 자산이라고 생각합니다. 제 등을 징검돌로 밟아 한 발짝 더 앞으로 나가십시오. 저를 도약판으로 삼아 한층 더 높이 오르십시오.

이 책을 쓰는 세 번째 목적은 당신을 초대하기 위해서입니다. 저는 믿습니다. 제가 이 세상에 기여할 수 있는 가장 중요한 일이 있다면, 저를 능가하는 어린이 사역자를 한 명이라도 더 세우는 것입니다. 이 책을 쓰는 이유도 바로 그 때문입니다.

이 책은 실전 전투 교본으로 쓰였지만, 그렇다고 현장에서 당장 적용할 수 있는 어린이 사역의 신박한 기술이나 방법, 프로그램을 제공하는 데 초점을 맞추지 않았습니다. 그런 것들은 시대와 상황에 따라 개발도 되고 폐기도 되는 전투 장비와 같습니다. 저는 당신이 어떤 시대와 상황에서도 꼭 간직해야 할 어린이 사역의 원리와 철학으로 무장하여 하나님께 쓰임받는 어린이 사역자로 서기를 원합니다. 또한 이러한 철학과 원리를 바탕으로 어린이 사역을 위한 기술, 방법, 프로그램을 스스로 개발할 수 있는 창조적인 사역자가 되기를 원합니다.

저는 유학을 마치고 돌아온 1995년부터 30여 년에 걸쳐 어린이 사역자를 세우기 위한 훈련 커리큘럼인 CEE(Christian Education by Extension)를 개발했습니다. 이 커리큘럼은 신임 교사나 일반 교사를 훈련하기 위한 바나나 새순 과정, 경험 있는 교사나 주일학교 리더십을 위한 바나나 나무 과정, 교회 교육 전문 지도자 DCE(Director of Christian Education)와 평신도 교육사를 키우기 위한 바나나 농장 과정으로 구성되어 있습니다. 이 책은 당신을 그 훈련 과정으로 안내하는 일종의 현관이라고 할 수 있습니다. 또한 당신이 CEE를 통해 계속 어린이 사역자로 성장하도록 초대하는 저의 초청장이기도 합니다.

어린이 사역, 이 영광스러운 사역으로 당신을 초대합니다.

첫 이야기가 길었네요. 일종의 직업병이죠. 본론으로 들어가기 전에 우선 이 책 전반에 드러나는 제 직업병에 대해 양해를 구합니다. 어느 직종에 종사하든, 긴 세월 같은 일을 하

구분	목적	사역 기술	인격과 영성	학적 기초	리더십
입문 과정	입문	『어린이를 예수님께』-양승헌의 어린이 사역교본			
바나나 새순 과정	주일학교 교사 세우기	[1-1] 크리스천 티칭	[1-2] 승리하는 삶	[1-3] 한눈에 보는 성경	[1-4] 반목회
바나나 나무 과정	주일학교 리더십 세우기	[2-1] 다이나믹 성경교수	[2-2] 승리하는 그리스도인의 가정	[2-3] 한눈에 보는 교리	[2-4] 주일학교 목회 (A: 대형교회/ B: 소형교회)
바나나 농장 과정	교회 교육 지도자 세우기 (교육디렉터, 교육사)	[3-1] 다음세대 설교/ 커뮤니케이션	[3-2] 개인 성경연구/ 크리스천 기도	[3-3] 기독교교육의 기초/ 교육목회론	[3-4] 교육지도자론/ 교육지도자 리더십

▶ CEE 커리큘럼

다 보면 굳어지는 습관이나 자세가 있지요? 어린이 사역자로서 제게도 그런 습관이 있습니다. 제가 아무리 잘 설명해도 제대로 이해하지 못할 것이라고, 아무리 재미있게 말해도 지루할 것이라고, 아무리 확실하게 강조해도 잊어버릴 것이라고 확신하는 습관입니다.

그래서 저는 이야기를 통해 가르치는 것을 좋아합니다. 제 강의나 책에 이야기가 많은 것도 그런 이유에서입니다. 그리고 반복도 많이 합니다. 이 책에 실린 이야기나 개념이 CEE 교재나 저의 다른 책에도 똑같이 나올 수 있습니다. 오랫동안 사용한 자료이다 보니 겹치는 부분도 있고, 잊을 만할 때마다 강조하기 위해 의도적으로 반복하는 경우도 있습니다. 그리고 최대한 오래 기억하도록 최대한 단순하게 말하기를 좋아합니다. 이 책이 육하원칙의 간단한 구조로 이루어져 있는 것도 그 이유 때문입니다.

한가지 더! 출처가 분명한 자료는 정확한 출처를 밝힐 것입니다. 그러나 오래 사역해오면서 인용하고 개인화하다 보니 그 출처가 막연해진 자료도 있습니다. 이에 대해 그 출처를 밝힐 수 없는 점도 양해해주시길 부탁드립니다.

제1장 나의 어린이 사역
       여정

제 이름은 양승헌입니다. 영어 이름은 바나바스 양(Barnabas Yang)이지요. 사도행전에 나오는 제 삶의 모델 바나바에서 따왔습니다. 미국에서 유학하던 시절 발음하기 쉽지 않은 제 이름 때문에 고생하는 교수님들과 친구들을 위해 이 이름을 쓰기 시작했습니다. 그런데 이 이름에는 제 나름의 깊은 소원이 담겨 있습니다. 저는 이 땅의 모든 어린이가 바울 같은 예수님의 제자로 서도록 돕는 바나바로 살고 싶습니다. 제게 주어진 여러 직함 중 가장 소중하고 영광스럽게 생각하는 것은 '어린이 사역자 양승헌'입니다. 그렇게 살고, 그렇게 죽고, 그렇게 기억되면 정말 좋겠습니다.

지금까지의 여정

1972년 1월 2일, 저는 생전 처음 발을 들여놓은 교회이자 조그마한 개척 교회에서 주일학교 교사로 임명받았습니다. 예수님을 만난 지 겨우 1년 된 영적인 어린아이가 또 다른 어린아이들을 돌보는 안타까운 일이 시작된 것이지요. 그런데 일손 없는 개척 교회에서의 그 어설픈 의무 복무(?)가 제 생애를 어린이 사역자로 헌신하는 출발점이 될 줄은 생각도 못 했습니다.

　인생의 계절이 바뀌는 동안 저의 어린이 사역의 양태도 바뀌었습니다. 20대에는 어린이를 대상으로 하는 사역(ministry to children)에 열정을 쏟았습니다. 거의 음치와 완전 몸치인 제가 아이들에게 찬양과 율동을 가르쳤습니다. 하나님의 말씀을 창의적으로 가르쳐보겠다고 겁도 없이 이런저런 모험과 시도를 감행했습니다. 한국 교회의 부흥기에는 예수님을 인격적으로 알지도 사랑하지도 따르지도 않는 '주일 학생'들이 교회를 가득 채우고 있는 것이 안타까웠습니다. 그래서 어린이를 제자로 키우기 위해 '디모데 훈련 교재'를 개발하여, 그 훈련을 받은 아이들을 주일학교의 핵심 그룹으로 세우기도 했습니다. 오래지 않아 이 작은 훈련 과정이 전국의 여러 교회로 퍼져나갔습니다. 그때는 한국 교회의 강력한 부흥기였습니다. 오징어가 집어등(集魚燈) 아래로 몰려오듯 아이들은 교회로 몰려들었지요. 그러나 교회는 몰려온 아이들의 숫자만 관리하느라 제대로 된 영적 돌봄을 제공하지 못한 채 허둥대고 있는 것처럼 보였습니다. 이 어린이들을 위해 무언가를 해야 한다는 상황적 필요가 젊은 저의 마음을 눌렀습니다. 그래서 대학교 2학년 때 몇몇 동역자와 함께 1년 동안 기도한 후 1976년 5월 파이디온 선교회를 설립했습니다. 헬라어 파이디온(παιδίον)은 '어린이'라는 뜻입니다. 저는 방학만 되면 낙도와 오지를 다니며 아이들을 모아 예수님을 가르쳐주느라 바쁘고도 기쁜 대학 생활을 보냈습니다. 아이들이 제가 전해준 예수님의 복음을 듣고, 구원을 주시는 예수님의 능력과 은혜를 경험하는 것이 너무도 소중하여 힘든 줄도 몰랐습니다.

30대와 40대에 하나님은 저를 어린이를 섬기는 교사와 지도자를 훈련하는 사역(ministry for children)으로 인도하셨습니다. 전국을 순회하며 '주간 교사 대학'이라는 이름으로 합숙 훈련 과정을 진행했습니다. 그러나 가슴은 뜨거운데 학문적으로 완전히 준비되지 않은 제가 저도 모르는 사이에 어린이 사역의 지도자로 떠밀려 선봉에 서 있는 상황에 마음이 어려웠습니다. 하나님은 제 연약함을 불쌍히 여기시서 6년간 미국 댈러스 신학대학원과 트리니티 신학대학원에서 교육학을 공부할 길을 열어주셨습니다. 그 6년은 제가 사역 현장에서 경험한 것을 학문적인 틀로 정리하고 새롭게 준비하는 기회를 준 꿈 같은 시간이었습니다. 특히 평생의 멘토인 댈러스 신학대학원의 하워드 헨드릭스(Howard Hendricks) 교수님과 트리니티 신학대학원의 테드 워드(Ted Ward) 교수님을 만나 어린이 사역의 의미와 가치, 방향과 전망을 바로 세울 수 있었습니다. 1994년 말 유학에서 돌아온 뒤에는 '바나나 농장'이라는 훈련 과정을 개발하여 교회학교 교육 지도자를 훈련하기 시작했습니다. CEE라고 이름 붙인 교육 지도자 훈련 커리큘럼을 만들어서 많은 강사를 훈련했고, 그들이 교회로 돌아가 교사를 훈련하도록 도왔습니다. CEE 커리큘럼으로 훈련받은 많은 사역자가 자신이 속한 교단과 단체의 교육 실무를 담당하면서 전반적인 한국 교회의 주일학교 교육이 조금씩 개선되는 것을 느낄 수 있었습니다.

이렇게 교회 안에서의 다음세대 교육에 온 힘을 쏟는 동안, 미처 보지 못했던 다른 문제가 대두되었습니다. 주일학교가 교회 공동체를 허무는 역기능을 하는 것을 발견한 것입니다. 주일학교 교육을 강조하다 보니, 아이들이 '성도'로서 교회 공동체의 중심에서 자라기보다는 별도의 시간에 별도의 공간에서 그저 '주일 학생'으로만 자라는 결과를 낳았습니다. 이 사실을 너무 늦게 알아차렸습니다. 많은 아이가 대학생이 되어 합류하게 된 어른 예배와 어른 공동체에 적응하지 못하고 몸도 마음도 교회를 떠났습니다. 의도한 것은 아니었지만, 주일학교가 다음세대를 통해 교회의 내일을 이어가는 일을 막는 치명적인 역할을 했습니다.

주일학교 중심의 다음세대 사역이 낳은 또 다른 문제는, 영적 양육의 1번지 기관으로서 가정의 기능을 황폐하게 한 것이었습니다. 부모들은 좋은 학원을 찾듯, 아이들의 믿음 성장을 위해 좋은 주일학교를 찾아 교회를 옮겨 다니게 되었습니다. 결국 주일학교는 부모가 수행해야 할 신앙 양육의 기능을 다른 것이 대신하고 대체하도록 부추기는 역기능을 초래했습니다.

그래서 제가 50살이 되었을 때, 세상의 어느 기관도 대체할 수 없는 가정의 신앙 양육 기능을 되돌려놓아야 한다는 급한 마음이 들었습니다. 어린이들이 자랄 바른 생태 환경인 부모와 가정을 세우기 위해 교육 목회가 필요하다는 사실에 직면한 것입니다. 그래서 2001년 10월 첫 주에 어린이 사역자인 저는 다섯 명의 여선생님과 함께 세대로교회(世代路敎會, Trans-generational Mission Church)를 시작하게 되었습니다. 어린이 사역자가 웬 목회냐며 의아해하는 주위의 시선을 느꼈습니다. 제가 목회를 시작하는 것은 한국 교회 어린이 교육에 큰 손실이라는 염려의 소리도 들렸습니다. 저는 주일학교를 중심으로 하는 다음세대 사역의 패러다임을, 아이들이 공동체를 중심으로 자라나는 세대 통합적인 사역으로 바꾸기 위해 주님의 지혜를 구했습니다. 성경적 원리와 가치를 끊임없이 연구하고 가르치며 실천하면서, 저는 두 에너지를 융합하여 하나님의 세대를 세우시는 주님의 원리를 깨달았습니다. 레지 조이너(Reggie Joiner)가 말한 대로, 가정의 사랑이라는 빨간색 에너지와 교회의 진리라는 노란색 에너지가 융합하여 만들어진 오렌지색 에너지가 있어야만 다음세대를 바로 세울 수 있다는 것을 목회 현장을 통해 확신하게 되었습니다.[1]

60살쯤 되었을 때, 주님은 제 어린이 사역을 새로운 차원으로 인도하셨습니다. 어린이와 함께 하는 사역(ministry with children)의 차원입니다. 이제 어린이를 양육의 대상으로만 보는 것이 아니라, 한국 교회의 내일을 지키는 주체로 세워야 한다는 절박감이 생겼습니다.

한국 교회는 저출산에 따른 인구 절벽으로 큰 위기를 만났습니다. 가뭄이 찾아와 저수지 주변부터 말라붙기 시작하듯, 여러 교회에서 소리 없이 어린이 사역이 사라지는 것을 보았습니다. 처음에는 여름 성경학교가 없어지기 시작하더니, 급기야 주일학교가 없어지기 시작했습니다. 한국 교회의 절반 가까이 주일학교가 사라졌다는 통계 결과도 있습니다.[2] 이러한 영적 기근 현상은 코로나19 상황을 겪으며 더 급격히 진행되고 더 현저해졌습니다. 목회자들은 교회의 내일이 사라지는 안타까움에 당황스러워하지만, 어떻게 해야 할지 몰라 막막했습니다. 어린이 사역자로서 저는 교회 공동체에서 분리된 시간과 장소와 예배에 방치되었던 다음세대를 공동체 중심에 끌어안고 세우는 성경적 원리를 목회자들과 나누어야 했습니다. 그래서 SEMI(세대로 교육목회 훈련원, Sedaero Educational Ministry Institute)를 세워 세대 통합 교육 목회의 원리를 한국 교회의 목회자들과 공유하기 시작했습니다. 어떻게 해서든 어린이를 충실한 종자로 키워 이들을 통해 우리의 내일을 이어나가야 하기 때문입니다.

70살이 되어, 교회 사역의 은퇴를 앞두고 하나님은 어린이 사역자로서 오래 바라오던 소원 두 가지를 이루어주셨습니다. 그중 하나는 어린이를 위한 이야기 성경을 쓰게 하신 것입니다. 어른과 마찬가지로, 어린이가 영적으로 성장하는 기초는 하나님의 말씀인 성경입니다. 아이가 제 손으로 숟가락질을 할 때부터 본격적인 성장이 이루어지는 것처럼, 제 손으로 성경을 잡고 읽기 시작할 때부터 영적 성장이 본격화됩니다. 그러나 성경이라는 말(馬)이 어린이가 올라타기에는 너무 높은 것이 늘 아쉬웠습니다. 그것을 놓고 아주 오래전부터 고민하며 기도해왔지만, 진전이 없었습니다. 먼저는 현실 목회에 쫓겨 시간과 마음의 여유가 없었고, 성경적인 내용을 가능한 한 사실적으로 그려줄 화가를 만나지 못했기 때문이기도 합니다.

그러던 중 코로나19 사태가 벌어졌고, 이 땅의 어린이를 사랑하시는 예수님은 제게 글을 쓸 시간을 주셨습니다. 게다가 그림을 사실적으로 그려낼 역량과 열정을 지닌 멋진 작가를 만나게 해주셨습니다. 제가 글을 쓰고 예술가 사역자가 그림을 그린 이 어린이 성경은 아이들이 성경을 올라탈 발판이 되어줄 것입니다. 성경의 큰 메시지인 예수님의 구원 스토리를 유아 때 한 번, 아동기에 다시 한 번, 청소년기에 또 한 번 읽으면, 제 손으로 성경을 들고 제 눈으로 성경을 읽는 일이 훨씬 수월해질 것입니다. 어쩌면 이 일은 아이들이 더 나은 현실을 만들어나가게 할 저의 가장 중요한 사역이 될지도 모릅니다.

하나님이 이루어주신 두 번째 소원은 지금 당신이 읽고 있는 어린이 사역교본 『어린이를 예수님께』를 완성하게 된 것입니다. 제가 언제 세상을 떠나도 저를 능가하는 어린이 사역자들이 세워지는 일이 계속되기를 바라는 마음이 컸습니다. 또한 어린이 사역을 해오는 동안 저를 힘들게 했던 막막함과 시행착오를 다른 사역자가 반복하여 겪지 않도록 돕는 작은 가이드가 필요하다고 느꼈습니다. 이런 필요 때문에 이 책을 쓰게 되었습니다.

제 인생 계절에 따라 양태와 방식은 바뀌었지만, 저는 자신을 어린이 사역자로 정의하는 것을 큰 영광으로 생각합니다. 제가 지금보다 나이가 더 많이 들어 거동이 불편한 날이 오면, 어떤 방식으로 어린이 사역자의 사역을 감당하게 될지는 잘 모르겠습니다. 그러나 한 가지는 분명합니다. 주님 앞에 서는 날까지 저는 어린이 사역자로 살아갈 것입니다. 저는 예수님을 사랑합니다. 저는 어린이를 사랑합니다. 그리고 어린이가 예수님을 만나게 하는 제게 주신 소명을 사랑합니다. 그리고… 어린이를 사랑하는 당신을 사랑합니다.

이 긴 이야기를 당신에게 하는 이유는 세 가지입니다. 첫째, '어린이'라는 단어에 눈길이 꽂혀 이 책을 손에 집어 든 당신 그리고 이 책을 여기까지 읽은 당신이 제 소중한 동역자이기 때문입니다. 둘째, 당신이 관심을 둔 어린이 사역의 영광과 축복이 얼마나 큰지를 간증하여 당신을 격려하기 위함입니다. 셋째, 50년이 넘는 세월 동안 제가 경험한 시행착오, 얻은 교훈, 누렸던 축복을 당신과 공유하고 싶어서입니다. 이제 저를 활용하여 앞으로 나아가, 어린이 사역을 통해 하나님 나라를 세울 더 멋진 사역자가 되어주십시오. 그것이 제 바람입니다.

제2장 어린이 사역,
무엇 *what* 인가?
_어린이 사역의 정의

어린이 사역이란 무엇일까요?

무슨 일을 하든지 바르게 일하려면, 그 일에 대한 바른 정의를 확실하게 내리고 시작해야 합니다. 자신이 조립하는 부품이 어디에 쓰이는지 모르는 직공이 자동차를 만든다면 과연 어떤 차가 만들어질까요? 또 그 작업은 얼마나 지루하고 힘들게 느껴질까요? 이렇듯 어린이 사역에도 바른 정의가 필요합니다.

어떤 사람들은 어른들이 경건하게 예배드리는 것을 방해하지 못하도록 아이들을 돌보는 일이 어린이 사역이라고 생각합니다. 또 다른 사람들은 부모들이 교회로 오게 하고 떠나지 못하게 하는 교회 성장의 한 방편이라고 생각하기도 합니다. 그리고 많은 이가 아이들이 언젠가 깨닫게 될 진리의 씨앗으로서 성경 이야기를 심어주는 일이라고 생각합니다.

어린이 사역에 그러한 측면이 없지 않습니다. 그러나 이런 정의는 정확하지도 분명하지도 않습니다. 사역 초기에 제가 내린 어린이 사역의 정의도 크게 다르지 않았습니다. 그러나 어린이 사역에 대한 그림을 명확하게 파악하지 못한 채로 사역하는 동안 제가 썼던 많은 시간과 돈과 에너지와 기회를 누군가가 또 쓰게 할 수는 없습니다. 그것은 사역자 자신과 아이들과 교회와 하나님 나라에 큰 손해니까요.

어린이 사역을 가장 정확하게 정의 내려주실 분은 예수님입니다. 저는 성경을 공부하면서 어린이 사역의 의미와 정의를 이렇게 정립했습니다.

어린이 사역이란
어린이가 자신의 믿음으로
예수님을 만나고 사랑하며 따르는
예수님의 제자로 살아가도록 세우는 일이다.

이 정의는 세 가지 키워드 위에 세워져 있습니다. 하나씩 살펴볼까요?

어린이 사역의 첫 번째 키워드: 예수님

그는 보이지 아니하는 하나님의 형상이시요 모든 피조물보다 먼저 나신 이시니 만물이 그에게서 창조되되 하늘과 땅에서 보이는 것들과 보이지 않는 것들과 혹은 왕권들이나 주권들이나 통치자들이나 권세들이나 만물이 다 그로 말미암고 그를 위하여 창조되었고 또한 그가 만물보다 먼저 계

▶ 헬리콥터의 중심에 예수 너트가 있어야 하는 것처럼, 우리 사역의 중심에 예수님이 계셔야 합니다.

시고 만물이 그 안에 함께 섰느니라. _골로새서 1:15-17

예수 너트(Jesus Nut)라는 말을 들어보았나요? 예수 너트는 헬리콥터의 부품 이름입니다. 크기는 손바닥 위에 놓일 만큼 작지만, 이 너트가 없으면 헬리콥터는 절대로 비행체가 될 수 없습니다. 헬리콥터는 로터(rotor)라고 불리는 날개를 회전시켜서 공기 양력으로 비행하는 항공기입니다. 엔진의 동력축에 로터를 연결하는 부품이 바로 예수 너트입니다. 만약 비행 중에 예수 너트가 고장 나거나 부러지면 로터가 헬리콥터에서 분리될 것입니다. 이때 승무원이 할 수 있는 유일한 일은

'예수님께 기도하는 것'뿐이기 때문에 붙은 이름이라고 합니다. 그렇기 때문에 승무원은 비행 전에 반드시 예수 너트를 점검해야 합니다.

바울 사도가 세상을 뒤집어놓은 강력한 복음 사역을 감당할 수 있었던 비밀은 예수님을 향한 그의 확신이었습니다. 골로새 성도들에게 보낸 편지에서 바울은 예수님의 중심성을 명확하게 선언합니다. 예수 그리스도는 온 우주 만물의 중심입니다. 온 우주 만물이 그분에 의해(through Him) 창조되었습니다. 온 우주 만물이 그분을 위해(for Him) 창조되었습니다. 그리고 온 우주 만물이 질서 있게 유지되는 일도 그분의 손안에서(in Him) 이루어집니다. 삶과 사역의 중심에 놀라우신 예수님을 모신 바울과 그가 행하는 사역을 그 무엇도, 어느 누구도 막을 수 없었습니다. 속지 마십시오. 예수님은 단지 기독교라는 종교를 시작한, 죽은 지 오래된 교주가 아닙니다. 사랑과 희생의 정신을 가르친 인류의 위대한 스승도 아닙니다. 우리는 단지 그분의 교훈을 믿는 사람들이 아닙니다. 우리는 부활하셔서 살아 계신 왕 중의 왕, 주 중의 주 예수 그리스도를 따르는 그분의 종입니다. 예수님은 우리 믿음의 중심입니다. 그분은 성경의 중심입니다. 그분은 역사의 중심입니다. 그분은 우주의 중심입니다.

그러므로 예수님이 우리 사역의 중심이 되셔야 합니다. 하나님 나라의 모든 사역은 예수님께 연결되어 있습니다. 어린이 사역도 마찬가지입니다. 예수님을 빼놓은 사역 활동이나 프로그램은 모두 기독교 어린이 사역이라고 정의할 수 없습니다.

> 예수님은 어린이 사역의 이유입니다.
> 예수님은 어린이 사역의 출발입니다.
> 예수님은 어린이 사역의 동기입니다.
> 예수님은 어린이 사역의 목표입니다.
> 예수님은 어린이 사역의 동력입니다.
> 예수님은 어린이 사역의 모본입니다.

헬리콥터의 중심에 예수 너트가 있어야 하는 것처럼, 우리 사역의 중심에 예수님이 계셔야 합니다. 그래야 참다운 어린이 사역을 실현할 수 있습니다. 어린이 사역에서 결코 잊지 말아야 할 가장 중요한 개념은 어린이도, 사역도 아닌 예수님입니다. 사실 저는 예수님이 어떻게 이러한 어린이 사역의 본질이 되시는지를 알리기 위해 이 책을 쓰는 것입니다.

어린이 사역의 두 번째 키워드: 어린이

사람들이 예수께서 만져 주심을 바라고 어린아이들을 데리고 오매 제자들이 꾸짖거늘 예수께서 보시고 노하시어 이르시되 어린아이들이 내게 오는 것을 용납하고 금하지 말라 하나님의 나라가 이런 자의 것이니라 내가 진실로 너희에게 이르노니 누구든지 하나님의 나라를 어린아이와 같이 받들지 않는 자는 결단코 그곳에 들어가지 못하리라 하시고 그 어린아이들을 안고 그들 위에 안수하시고 축복하시니라. _마가복음 10:13-16

예수님은 어린이를 사랑하신다

예수님은 어린이를 사랑하십니다. 사람들은 예수님이 손을 얹어 축복해주시기를 바라며 어린 자녀를 예수님께 데려왔습니다. 그러나 제자들의 눈에는 어린이들의 겉모습만 보였습니다. 약하고 아무것도 할 수 없는 아이들의 현재만 보았습니다. 당연히 어린이들이 예수님의 사역에 도움이 되지 못한다고만 생각했습니다. 그래서 예수님과 아이들 사이를 장벽처럼 막아섰습니다. 아이들이 예수님을 괴롭히지 못하도록 차단하여 예수님을 보호하겠다는 뜻이었겠지요.

그러나 예수님은 고마워하시기는커녕 제자들을 엄하게 꾸짖으셨습니다. 예수님은 아이들과 자신 사이를 갈라놓는 제자들을 보며 분노하셨습니다. 왜 그러셨을까요? 예수님은 아이들의 속을 보셨습니다. 아이들 속에 세상을 바꿀 엄청난 잠재력이 있는 것을 보셨습니다. 하나님의 나라가 그들 속에 있는 것을 보셨습니다. 그에 더하여, 하나님 나라에 들어갈 사람의 심령이 어린아이와 같아야 함을 가르치는 실물 교재로 아이들을 인식하셨습니다.

어린이는 누구인가?

평생 어린이 사역을 하면서 저를 오랫동안 괴롭혔던 한 가지 질문이 있었습니다. 바로 '어린이란 누구인가?'입니다. 태아는 어린이가 아닌가요? 유아는 미생(未生) 인간인가요? 어린이란 초등학교에 재학 중인 아이만을 가리키나요? 어린이 사역에 청소년은 포함되지 않나요? 담임 목회자는 어린이 사역을 할 수 없는 건가요?

어린이를 규정하는 발달주의 교육학의 연령 개념 때문에 어린이 사역이 얼마나 제한되고, 얼마나 방해를 받았는지요.

아마 자신이 청소년 사역자나 장년 사역자라고 생각하는 많은 사람은 이 책의 제목을 보자마자 눈길을 돌렸을지도 모릅니다. 그러나 우리는 일반 교육학이나 심리학에서 규정한 개념으로 어린이를 정의할 필요가 없습니다. 우리는 성경 속 하나님의 눈으로 우리의 다음세대를 보아야 합니다.

구약에서 "아이"로 번역된 히브리어 단어 나아르(נַעַר)는 어린이에 대한 우리의 개념을 넓혀줍니다.

- 사사기 13장 8절에서 아직 태어나지도 않은 태아 삼손을 말할 때 나아르가 사용되었습니다.
- 출애굽기 2장 6절에서 바구니 배에 담긴 100일짜리 아기 모세를 말할 때 나아르가 사용되었습니다.
- 사무엘상 1장 24절에서 엄마와 떨어져 성전에서 섬기던 유년기 사무엘을 말할 때 나아르가 사용되었습니다.
- 창세기 21장 12-20절에서 큰엄마 사라 때문에 쫓겨난 14살짜리 청소년 이스마엘을 말할 때 나아르가 사용되었습니다.
- 사무엘상 17장 55절에서 골리앗을 쳐 죽인 다윗을 말할 때 나아르가 사용되었습니다.
- 심지어, 사무엘상 2장 17절에서는 이미 제사장 사역을

하던 엘리의 아들들을 말할 때도 나아르가 사용되었습니다.

신약에서 "아이"가 사용된 경우를 살펴보아도 하나님이 생각하시는 어린이의 개념이 세상의 개념과 다름을 알 수 있습니다.

- 부모와 관련하여, 부모를 의존하여 살아야 하는 아이 자녀를 말할 때는 테크논(τέκνον)이 사용되었습니다.
- 누가복음 2장 40절에서 생후 8일 된 신생아 예수님을 말할 때 파이디온(παιδίον)이 사용되었습니다.
- 누가복음 2장 43절에서 예루살렘에 남아 있었던 12살짜리 예수님을 말할 때 파이스(παῖς)가 사용되었습니다.

파이디온이라는 단어는 어린이, 소년, 청소년을 뜻하는 파이스 혹은 파이도스(παιδός)의 지소사(指小辭, 어떤 말에 덧붙여 원래의 뜻보다 더 작은 것을 나타내거나 친근함을 표현하는 데 쓰이는 접사. 또는 그렇게 하여 파생된 말)라고 합니다.[3] 일부 학자는 파이스를 20세, 즉 성경에서 말하는 완전한 성인기에 이른 아들이나 딸에게 적용합니다.

결국 구약과 신약에 사용된 어린이라는 개념은 독립적으로 자신의 삶을 꾸릴 수 있기까지 누군가의 보살핌과 도움이 필요한 사람을 뜻합니다. 그러므로 어린이 사역을 초등학교를 졸업하면 끝나는 사역으로 여긴다면, 우리의 사역을 너무 짧은 눈으로 보는 것입니다. 어린이 사역은 한 아기가 태어나 독립적인 믿음과 삶을 준비하는 전 구간을 염두에 두고 이루는 사역입니다. 어느 나이대의 다음세대 그룹을 섬기든, 그들을 하나님의 사람으로 세우는 양육 과정의 큰 틀 안에서 섬겨야 합니다. 그래야만 양육의 연속성을 잃지 않을 수 있습니다.

어린이 사역의 세 번째 키워드: 사역

사역이라는 말은 흔하게 사용됩니다. 주로 주님과 관련된 어떤 일을 하는 것 정도로 사용하고 있습니다. 그러나 우리의 사역은 일 사(事) 부릴 역(役) 자의 의미로 이해해서는 안 됩니다. 우리의 사역은 사전에 나오지 않는 말이지요. 한자로 보면 확연히 다릅니다. 어린이 사역을 말할 때 그 사역은 부릴 사(使) 부릴 역(役) 자로 이해하는 것이 맞습니다. 사전적으로 사역이라는 말은 '사람을 부리어 일을 시킴 혹은 시킴을 받아 어떤 작업을 하는 것'을 뜻합니다.

그러면 우리의 사역은 누가 시켜서 하는 일일까요? 그렇습니다. 왕이신 예수님이 시켜서 하는 일이며, 예수님이 우리를 통해(부려서) 이루시는 일입니다.

우리는 마태복음 28장 18-20절의 말씀을 지상사명이라고 부릅니다. 이 땅 위에서 이루라고 맡겨주신 일(地上事命)이라는 뜻이 아니라, 그 의미에서나 우선순위에서 가장 중요한 임무라는 뜻의 지상사명(至上使命)입니다. 영어로는 가장 큰 명령 혹은 우리에게 맡겨진 가장 위대한 임무라는 뜻으로 The Great Commission이라고 표현합니다. 주님이 우리에게 맡기신 일을 좀 더 자세히 살펴봅시다.

> 예수께서 나아와 말씀하여 이르시되 하늘과 땅의 모든 권세를 내게 주셨으니 그러므로 너희는 가서 모든 민족을 제자로 삼아 아버지와 아들과 성령의 이름으로 세례를 베풀고 내가 너희에게 분부한 모든 것을 가르쳐 지키게 하라 볼지어다 내가 세상 끝날까지 너희와 항상 함께 있으리라 하시니라. _마태복음 28:18-20

어린이 사역의 시작

누가 우리에게 이 일을 맡기셨는지를 분명히 하는 것은 우리 사역의 의미와 가치를 아주 다르게 만듭니다. 우리에게 이 일을 시키신 분은 담임 목사님이나 부장 집사님이 아닙니다. 우리에게 이 일을 시키신 분은 예수님입니다. 예수님은 하늘과 땅의 모든 권세를 지니신 왕 중의 왕, 주 중의 주이십니다. 우리는 하늘 왕의 부름으로 여기 있고, 하늘 왕의 지엄한 명령을 수행하고 있는 것입니다.

어린이 사역의 목적

우리가 어린이에게 찬송을 가르치든, 성경을 가르치든, 어린이를 전도하든, 교사를 훈련하든, 부모를 세우든 사역 목적이 분명해야 합니다. 예수님이 우리에게 주신 지상사명은 네 개의 동사에 걸려 있습니다. 이 네 개의 동사를 잘 이해하면, 우리 사역의 목적이 무엇인지를 명확하게 알 수 있습니다.

- 가라

  πορευθέντες(*poreuthentes*), going

- 제자를 삼으라

    μαθητεύσατε(*mathēteusate*), make disciples

- 세례를 주라

    βαπτίζοντες(*baptizontes*), baptizing

- 가르치라

    διδάσκοντες(*didaskontes*), teaching

집으로 비유하자면, 이 네 개의 동사 중 하나는 대들보이고 나머지 셋은 서까래입니다. 어떤 동사를 대들보로 보느냐에 따라 사역자의 사역 방향과 방식은 아주 달라집니다. '가라'를 대들보로 보는 어린이 사역자는 매번 전도지를 들고 아이들을 만나러 놀이터나 학교 정문 앞으로 나가야 한다고 생각할 것입니다. '가르치라'를 대들보로 삼는 어린이 사역자는 어떻게 하면 아이들이 성경을 재미있고 확실하게 배울까 고민하며, 기발한 학습 방법과 아이디어를 짜는 데 골몰할 것입니다. 그러나 어느 동사를 대들보로 정하느냐는 우리 권한에 속한 일이 아닙니다. 이미 예수님이 그것을 정해놓으셨으니까요. 제가 위에 헬라어를 써놓은 이유는 여러분의 눈이 각 단어의 끝에 주목하게 하기 위해서입니다. 가라, 세례를 주라, 가르치라는 동사는 분사형 어미인 -tes로 끝나지요? 제자를 삼으라는 말만 그 끝이 다릅니다(-ate). 유일하게 명령형인 '제자를 삼으라'가 대들보 본동사입니다. 우리는 제자가 될 사람들을 부르러 가야 합니다. 우리는 찾은 사람을 제자단에 입단(연합)시키기 위해 세례를 주어야 합니다. 그리고 그가 예수님의 제자로 자라도록 가르쳐야 합니다. 우리가 어린 세대를 상대로 하는 모든 사역은 아이들을 예수님의 제자로 세우는 것이라는 또렷한 초점에 한 방향으로 정렬되어야 합니다.

그러나 많은 교회 사역자와 선교 사역자는 예수님의 지상 사명에 '어린이'라는 말이 없다는 이유로, 어린이 사역을 어른 사역에 따르는 부속 사역 정도로 여깁니다. 이러한 신학적인 오해가 하나님 나라에 얼마나 큰 손실을 낳았는지, 그 잃어버린 페이지를 생각하면 많이 속상합니다. 물론 예수님이 우리에게 위탁하고 가신 사명에 '어린이'라는 단어가 보이지 않습니다. 그러나 어린이는 그 안에 포함되어 있습니다. 예수님이 지상사명에 사용하신 단어 "족속"(개역한글)은 헬라어로 에쓰노스(ἔθνος)입니다. 이 단어는 유사한 관습이나 공통적인 문화를 실천함으로써 결합된 사람들이 모인 민족이나 인종을 가리킵니다. 어린이는 당연히 그 안에 있습니다. 아니, 어느 가족이든 아기가 그 중심이 되는 중요한 가족 구성원이듯, 아이들은 민족과 족속의 내일을 짊어진 가장 중요한 구성원으로 그 중심에 자리합니다. 그러므로 어린이 사역은 예수님의 지상사명에 부속된 사역이 아닌, 지상사명의 핵심에 있는 사역입니다. 어린이는 지상사명의 핵심 대상일 뿐 아니라, 핵심 전략입니다. 이 부분은 너무 중요하기 때문에 뒤에서 어린이 사역을 하는 이유를 다룰 때 자세히 설명하겠습니다.

어린이 사역의 목표

예수님의 제자를 세운다는 것은 구체적으로 어떻게 하는 것을 뜻할까요? 아무리 단단하고 예리한 화살이라도 날아가서 맞혀야 할 과녁이 없으면 활시위를 떠날 수 없습니다. 어린이 사역도 다르지 않습니다. 분명하고 확실한 목표가 필요합니다. 우리는 아이들에게 복음을 들려주는 일, 설교하는 일, 찬양을 가르치는 일 등 '일'을 열심히 하는 것이 목표라고 대충 생각하고 싶어 합니다. 그러나 중요한 질문은 '무엇'(what)이 아니라, '왜'(why)입니다. 여름 성경학교를 하든, 겨울 캠프를 하든, 찬양과 율동을 가르치든 우리의 목표는 아이들을 예수님의 제자, 제가 즐겨 쓰는 표현으로는 작은 예수로 세우는 것입니다. 예수님이 그러셨듯이 말입니다!

> 예수는 지혜와 키가 자라가며 하나님과 사람에게 더욱 사랑스러워 가시더라. _누가복음 2:52

누가복음 2장은 어린이 사역자로서 우리가 아이들을 어떻게 키우고 세워야 하는지를 알려주는 하나님의 설계 도면입니다. 누가복음 2장은 절이 52개나 되는 긴 장이지만, 메시지는 간결합니다. 전반부인 1-38절은 '예수님이 하늘의 사명을 띤 아기'라는 것을 말해줍니다. 예수님이 베들레헴 마구간에서 태어나셨을 때 천사들이 목자들에게 아기의 사명을 일러주었습니다. "너희를 위하여 구주가 나셨으니 곧 그리스도 주시니라." 아기가 태어난 지 8일 만에 부모는 정결 예식을 하러 아이를 안고 성전으로 갔습니다. 그때 시므온이라는 경건한 노인이 아이를 안고 아이의 사명을 찬양한 것을 기억하시나요? "내 눈이 주의 구원을 보았사오니 이는 만민 앞에 예비하신 것이요 이방을 비추는 빛이요 주의 백성 이스라엘의 영광이니이다"(눅 2:30-32). 곧이어 남편과 사별한 후 수십 년 동안 성전을 떠나지 않고 밤낮으로 금식하며 기도하던 하나님의 사람 안나도 아기를 보고는 하나님께 감사하며, 구원을 기다리던 예루살렘 사람들에게 이 아기의 사명, 곧 인류의 구주 되심을 증언했지요? 천사의 말, 시므온의 말, 안나의 말은 '아기로 오신 예

▶ 우리는 아이들을 하나님의 목적과 계획을 담아낼 건실한 그릇으로 빚어야 합니다.

수님의 사명은 인류를 구원하시는 것이다'라고 요약됩니다.

그다음 39-52절은 예수님이 하늘의 사명을 담을 수 있는 그릇으로 빚어지셨음을 이야기합니다. 예수님은 하늘의 목적을 이룰 수 있는 그릇으로 건강하게, 전인적으로 균형 있게, 적절하게 빚어지셨습니다. 40절은 이렇게 말합니다. "아기가 자라며 강하여지고 지혜가 충만하며 하나님의 은혜가 그의 위에 있더라." 52절도 비슷하게 말합니다. "예수는 지혜와 키가 자라가며 하나님과 사람에게 더욱 사랑스러워 가시더라."

요약하자면 누가복음 2장 앞부분은 예수님이 하늘로부터 받은 사명을, 뒷부분은 예수님이 이 땅에서 하늘의 사명을 담아낼 그릇으로 자라나셨다는 것을 이야기합니다. 우리가 예수님의 성장 이야기를 다룬 누가복음 2장의 메시지를 사역에 적용할 때, 하나님의 손발에 맞추어 동역할 수 있습니다.

첫째, 아이 하나하나에게는 하나님이 그 아이를 통해서만 이루실 목적과 계획이 있다는 것을 인식해야 합니다. 그것을 소명이라고 하지요. 둘째, 우리는 아이 하나하나를 그 목적과 계획을 담아낼 건실한 그릇으로 빚어야 합니다. 그것을 양육이라고 합니다. 아이들이 어려서부터 자신의 소명을 바로 알고 바르게 성장하도록 돕는 것이 예수님과 함께 이루어야 할 우리의 일입니다. 주님의 지상사명을 어린이 사역자 버전으로 바꾸면 이렇게 이해할 수 있습니다. 우리에게 맡겨주신 아이들을 하늘의 소명을 지닌 사람으로 인식하고, 그 사명을 담을 사람으로 키우라는 것입니다. 아이들을 돕기 위한 구체적인 단계는 4장에서 자세히 다룰 것입니다.

어린이 사역의 개념 확장[4]

제가 신학대학에 다닐 때는 한국 교회의 부흥기였습니다. 그 시기에는 아이들이 정말 많았습니다. 보통 한 집에 서너 명의 자녀가 있었습니다. 제가 섬겼던 교회에서는 400명이 넘는 주일학교 아이를 수용할 공간이 없어서 본당에서 모여야 했습니다. 그때는 아이들만 많은 것이 아니라, 성령의 은혜도 넘쳤습니다. 십자가만 붙여놓으면 사람들이 모여든다고 말할 정도였으니까요. 여름 성경학교나 어린이 부흥회를 위해 북을 치며 동네를 한 바퀴 돌면 50명도 더 되는 아이들이 신나게 교회당으로 따라왔습니다. 제가 예수님의 구원의 복음을 전할 때, 아이들이 눈물을 글썽이며 예수님을 자신의 구주와 주님으로 받아들이는 것을 종종 보았습니다. 그렇게 우후죽순으로 이곳저곳에 교회가 들어섰습니다. 그러나 교회로 몰려드는 아이들을 교육할 사역자는 적었습니다. 그래서 신학생이면 거의 모두 어린이나 청소년 부서를 맡아 교육하는 교육 전도사로 일했습니다. 많은 이가 특별한 소명도 없이, 마땅한 훈련도 받지 못한 채 각자도생으로 시행착오 충만한 사역을 했습니다. 시간이 지나면 진급하는 세상 직장과 같이 유치부 사역은 유치한 사역, 고등부 사역은 고등한 사역, 청년부 사역은 성숙한 사역으로 여기고 승진하는 개념으로 보는 이상한 인식이 교회 안에 생겨났습니다. 그러면서 아동을 직접적인 대상으로 삼지 않는 모든 사역은 어린이 사역과 상관없는 것처럼 여겨졌지요. 이에 따라 어린이 사역은 평생 사역할 수 있다는 가능성과 전망을 잃어버리고 말았습니다.

하지만 그렇지 않습니다. 이것은 두 가지를 오해했기 때문입니다. 첫째는 앞에서 말한 것처럼, 어린이를 12살 미만 혹은 초등학생 이하의 대상으로 규정하는 세상 교육학을 따라 어린이의 개념을 오해했기 때문입니다. 둘째는, 어린이 사역의 확장성 개념을 오해했기 때문입니다. 제가 50년 넘게 어린이 사역자로 활동하며 배운 것은 어린이 사역의 지속성과 확장성입니다.

캐서린 스톤하우스(Catherine Stonehouse)와 스코티 메이(Scottie May)라는 학자가 정리한 어린이 사역의 세 가지 패러다임은 우리의 생각을 확장하는 데 큰 도움을 줍니다.

- 어린이에게 하는 사역(Ministry to children): 어린이를 직접 대상으로 가르치는 사역.
- 어린이를 위한 사역(Ministry for children): 부모, 교사, 교육 자료, 환경 등을 변화시키는 사역.
- 어린이와 함께 하는 사역(Ministry with children): 어린이를 하나님 나라 사역의 동역자로 세워 함께 그분의 나라를 세워가는 사역.

어린이를 대상으로 하는 사역

흔히 그러하듯, 어린이 사역을 이해하는 가장 쉬운 정의는 어린이를 대상으로 하는 사역이라는 것입니다. 어린이를 직접적인 대상으로 삼는 사역이지요. 저도 20-30대에는 어린이들을 전도하고, 그들에게 설교하며, 성경을 가르치는 사역에 집중했습니다. 그러나 70세가 넘은 제가 지금 아이들에게 똑같은 사역을 하는 것은 합리적이지도 효과적이지도 않습니다. 어린이 사역이 어린이를 직접적인 대상으로 하는 사역으로만 규정된다면, 어린이 사역은 평생 사역의 잠재력을 잃어버리고 맙니다.

어린이를 위한 사역

모세를 어린이 사역자라고 말할 수 있을까요? 예수님을 어린이 사역자라고 말할 수 있을까요? 바울은요? 물론이지요. 아이들이 예수님을 만나고 따르는 예수님의 제자로 삼기 위해(for) 하는 일이라면, 그것은 어린이 사역(ministry for children)입니다. 그렇게 보면, 부모는 가장 중요한 어린이 사역자입니다. 부모가 영적으로 성장하도록 가르치고 돌보는 모든 목회자도 중요한 어린이 사역자입니다. 어린이가 예수님의 바른 제자 세대로 자라가도록 건강한 교회 공동체를 세우려는 장로님도, 성경학교 때 아이들을 위해 간식을 마련해주시는 권사님도 어린이 사역을 하고 있는 것입니다. 학교에서 아이들을 주님의 사랑과 말씀의 원리로 가르치는 크리스천 선생님도 어린이 사역자입니다.

큰 틀에서 보면 어린이가 예수님을 만나고 사랑하며 따르도록 동원되는 직간접적인 모든 일이 어린이 사역입니다. 그리고 어린이가 건강한 다음세대로 설 수 있는 환경을 조성하는 모든 사람이 어린이 사역자라고 할 수 있습니다. 저는 주님을 사랑하는 모든 이가 이런 의미에서 어린이 사역자임을 깨닫기를 원합니다.

어린이와 함께 하는 사역

이것은 어린이를 사역의 대상이나 사역의 객체로만 보는 것이 아니라, 하나님 나라를 함께 세워갈 동역자와 동반자로 보는 것입니다. 넓은 의미에서 어린이를 예수님의 제자로 세우기 위한 모든 사역이 어린이 사역이라고 할 수 있습니다. 그런데 좁은 의미에서 어린이 사역이란, 그 이상으로 어린이 사역

▶ 어린이 사역은 하나님 나라의 씨앗을 심어 이 땅에 영적인 혁명을 준비하는 사역입니다.

이라는 소명에 삶을 투자하는 것입니다. 어린이는 언제까지나 우리에게 양육과 돌봄을 받아야 하는 사역 대상이 아닙니다. 머지않아 아이들은 우리의 내일을 변화시킬 사역의 주체가 될 것입니다. 우리 교회와 나라의 내일이 아이들 손에 달려 있습니다. 이 아이들이 하나님의 스토리를 이어나가야 하고, 이들이 하나님의 교회를 이 땅 위에 존속시켜야 하며, 이들이 하나님의 나라를 이 땅에 덮어야 합니다. 이런 의식과 비전을 지닌 섬김이들이 일어나야 합니다. 당신이 부모든, 목회자든, 교사든, 무엇으로 불리든 상관없이 아이들이 세울 하나님 나라의 미래를 바로 오늘 준비하는 비전을 품고 아이들을 세운다면,

당신이야말로 주님이 찾으시는 어린이 사역자라고 할 수 있습니다.

　문익점은 고려 말에 원나라에서 목화씨 몇 알을 이 땅에 들여왔습니다. 오직 한 개의 씨앗에서만 싹이 텄고, 그해 100개의 씨앗을 얻었습니다. 100개의 씨앗이 계속 증식되고 공급되어 10년이 지나지 않아 전국 농촌으로 목화 농사가 퍼져나갔습니다. 고려 사람들은 따뜻한 솜옷과 솜이불로 추운 겨울을 나게 되면서 생활에 큰 변화를 맞이했습니다. 무명실을 뽑고, 무명천을 짜며, 무명옷을 만들고 파는 일을 통해 산업에까지 큰 영향을 미쳤습니다. 목화씨 한 알로 일어난 산업 혁명이었습니다. 어린이 사역이 그러합니다. 어린이 사역은 하나님 나라의 씨앗을 심어 이 땅에 영적인 혁명을 준비하는 사역입니다.

제3장

어린이 사역,
왜 ^{why} 해야 하는가?
_어린이 사역의 중요성

어린이 사역이 중요하다는 것을 누가 모르겠습니까? 그러나 하나님의 말씀으로 어린이들을 예수님께 붙이는 일이 왜 그렇게 중요한지를 깊이 생각하는 사람은 그리 많지 않은 것 같습니다. 그 때문에 사람들은 대부분 어린이 사역을 하나님 나라의 여러 사역 중에서도 주변 사역으로 생각합니다. 제가 평생을 어린이 사역에 부름받은 것을 큰 영광이자 특권으로 생각하는 이유는 남들이 잘 보지 못하는 그 가치를 주님이 제게 보여주셨기 때문입니다. 엔진에 불을 튕겨주는 점화 플러그처럼, 저의 어린이 사역이 평생 작동하도록 불을 튕겨주는 어린이 사역의 중요성 네 가지를 소개해보겠습니다.

어린이 사역이 왜 중요하냐고요?
어린이 자신 때문입니다

영적 생명

모든 사람이 죄를 범하였으매 하나님의 영광에 이르지 못하더니 그리스도 예수 안에 있는 속량으로 말미암아 하나님의 은혜로 값없이 의롭다 하심을 얻은 자 되었느니라.
_로마서 3:23-24

또 증거는 이것이니 하나님이 우리에게 영생을 주신 것과 이 생명이 그의 아들 안에 있는 그것이니라 아들이 있는 자에게는 생명이 있고 하나님의 아들이 없는 자에게는 생명이 없느니라 내가 하나님의 아들의 이름을 믿는 너희에게 이것을 쓰는 것은 너희로 하여금 너희에게 영생이 있음을 알게 하려 함이라. _요한일서 5:11-13

어린이에게는 많은 것이 필요합니다. 그중에서도 가장 본질적이고 우선적인 필요는 그들이 예수님을 인격적으로 만나는 일입니다. 천사처럼 착한 아이들, 아직 세상 죄에 물들지 않은 아이들에게 구원이 필요하냐고요? 그렇습니다. 그들은 본질적으로 죄인이기 때문입니다. 우리는 어떤 죄를 지어 죄인이 된 것이 아닙니다. 정확하게 말하면, 우리가 죄인으로 태어났기 때문에 죄를 짓지 않을 수 없는 상태에 있는 것입니다. 우리 아이들도 아담의 원죄(The Sin)를 물려받은 죄인으로 태어났습니다. 아직 발현되지 않았을 뿐, 이들 속에는 배우거나 훈련하지 않아도 죄(sins)를 지을 수 있는 잠재력이 충만합니다. 어린이도 예수님의 십자가 구속이 필요한 죄인입니다. 그러므로 아이들이 자신의 죄성을 인식하고, 예수님이 십자가에서 이루어 놓으신 구원의 선물을 받아들이는 것은 그의 삶에서 가장 중요한 일입니다. 이렇게 아이들을 주님과 연결하는 사역이 바로 어린이 사역이지요.

뿐만 아니라, 아이들이 예수님을 인격적으로 만나는 것은 영적 생명을 얻을 뿐만 아니라, 그의 전 생애 동안 영생을 누리며 사는 유일한 길입니다. 영생이란 죽어서 영원히 사는 것을 말하지 않습니다. 어차피 인간은 죽어서 천국에서든 지옥에서든 영원히 살게 되니까요. 영생은 길 영(永) 살 생(生) 자로 표현되기는 하지만, 영생은 생명의 길이가 아닌 생명의 성격을 의미합니다. 영생은 하나님의 생명입니다. 개념적 언어인 헬라어로 기록된 신약에서는 영생으로 표현되지만, 회화적 언어인 히브리어로 기록된 구약에는 "나는 너희 하나님이 되겠고 너희는 내 백성이 되리라"는 말로 표현되어 있습니다.[5] 영생이란 예수 그리스도를 믿는 믿음으로 하나님의 자녀가 되어 하나님과 함께 이 땅을 살고, 하나님과 함께 주님이 완성하실 영원한 하나님의 나라에서 함께 사는 것입니다. 핵심은 '길이길이' 사는 것도, 죽은 다음 '어디에서' 사는 것도 아닌 '하나님과 함께' 사는 것에 있습니다. 아이들이 어려서부터 하나님을 '나의 하나님'으로 모시고 살아가도록 돕는 것보다 더 행복한 삶을 줄 수 있는 일이 무엇이 있겠습니까?

삶의 가치

> 나를 존중히 여기는 자를 내가 존중히 여기고 나를 멸시하는 자를 내가 경멸하리라. _**사무엘상 2:30b**

엘리 제사장의 두 망나니 아들 홉니와 비느하스를 아시지요? 그들은 제사장의 아들로 태어나, 어려서부터 성막과 제사에 익숙해지다 못해 식상해져서 하나님을 멸시하는 삶을 살았습니다. 인격적으로 하나님을 만난 적이 없는 두 사람은 그냥 여호와 종교의 모양만 아는 쭉정이 종교인으로 자랐습니다. 그들에게는 영적 생명이 없었습니다.

하나님을 만날 수 있는 최적의 환경에서 태어나고 자랐는데도 하나님을 만나지 못한 껍데기 신자였습니다. 개역한글성경은 "엘리의 아들들은 불량자라 여호와를 알지 아니하더라"(삼상 2:12)로 번역합니다. 이 구절에서 "불량자"로 번역된 히브리어 벨리알(בְלִיַּעַל)은 문자적으로 '무가치한 아들'이라는 뜻이지만, 신약에서는 사탄을 지칭하는 말로 사용되었습니다(고

후 6:15). 이들은 하나님을 인격적으로 알지도, 사랑하지도, 귀히 여기지도 않았습니다. 이들은 예배를 멸시하며, 하나님의 이름을 모독했습니다. 이들은 자신에게도, 가족에게도, 이웃에도, 나라에도 전혀 축복이 되지 못했습니다. 하나님을 만나지 못한 사람들은 시시하게 살다 비참하게 죽고 말았습니다.

그러나 사무엘은 어렸지만, 인격적으로 하나님을 만났습니다. 평생 그 하나님께 기도하며, 하나님의 말씀을 듣고 전하는 하나님의 사람으로 살았습니다. 하나님을 등지고 타락한 삶을 살아가는 백성을 하나님의 말씀으로 깨우침으로써 나라를 새롭게 하는 복된 인생을 살았습니다. 그는 하나님 앞에서 자라, 자신과 가족과 국가와 시대를 축복했습니다.

주님이 하신 말씀대로 되었습니다. "나를 존중히 여기는 자를 내가 존중히 여기고 나를 멸시하는 자를 내가 경멸하리라"(삼상 2:30b). 그러니 아이들이 어려서부터 하나님을 존중히 여기며 모시고 살아가도록 바른 믿음 위에 세워주는 것보다 더 최고의 축복이 무엇이 있겠습니까?

어린이 사역이 왜 중요하냐고요?
우리의 내일 때문입니다

수수께끼 하나를 내보겠습니다. 이 사람들은 누구일까요? 그들은 하나씩 하나씩 이 세상에 들어옵니다. 이들이 우리 삶에 들어오는 것을 신문도 방송도 눈여겨보지 않습니다. 그러나 이들은 우리 속에 조용히, 그러나 확고하게 뿌리를 내립니다. 그리고 힘을 키웁니다. 그리고 얼마 후에는 우리 자리를 점령하기 시작합니다. 이윽고 우리 사회 전체가 이들 손에 넘어갑니다. 경제, 사회, 정치, 문화, 예술 등 모든 영역이 이들에게 장악됩니다. 그리고 우리는 끝내 밀려나게 됩니다.

이들은 누구일까요? 무슬림? 간첩? 아닙니다. 바로 아이들입니다. 그러므로 이 아이들이 어떤 사람으로 자라느냐에 따라 우리의 내일이 달라집니다.

세상을 바꾸는 두 에너지

저는 세상을 바꿀 두 가지 강력한 힘을 두 인격에서 발견합니다. 두 번째부터 말하자면, 방금 말한 대로 아이들입니다. 그리고 첫 번째는 예수님입니다. 예수님은 온 우주 만물을 지

▶ 어린이 사역은 예수님과 어린이라는 막강한 두 힘을 융합하여 에너지를 만드는 일입니다.

으시고 소유하시며 다스리시는 왕 중의 왕, 주인 중의 주인이십니다. 성경은 예수님이 어떤 분이신지를 확실하게 증언합니다.

> 만물이 그에게서 창조되되 하늘과 땅에서 보이는 것들과 보이지 않는 것들과 혹은 왕권들이나 주권들이나 통치자들이나 권세들이나 만물이 다 그로 말미암고(by Him) 그를 위하여(for Him) 창조되었고 또한 그가 만물보다 먼저 계시고 만물이 그 안에(in Him) 함께 섰느니라. _골로새서 1:16-17

우리의 전략

어린이 사역은 이 막강한 두 힘을 융합하여 에너지를 만드는 일입니다. 이 두 에너지가 만날 때, 얼마나 놀라운 일이 벌어질지 상상만 해도 소름이 돋습니다. 그러니 제자들이 아이들과 예수님 사이를 가로막고 서서 두 에너지가 만나지 못하게 방해할 때, 예수님이 분노하신 것은 당연합니다.

예수께서 보시고 노하시어 이르시되 어린아이들이 내게 오는 것을 용납하고 금하지 말라 하나님의 나라가 이런 자의 것이니라. _마가복음 10:14

마귀의 전략

마귀가 하는 짓은 언제나 똑같습니다.

도둑이 오는 것은 도둑질하고 죽이고 멸망시키려는 것뿐이요. _요한복음 10:10a

이 마귀가 우리의 내일을 훔치기 위해 써왔고, 지금도 쓰고 있으며, 앞으로 쓰게 될 가장 효과적인 전략은 아이들이 예수님을 만나지 못하게 방해하는 것입니다. 지금은 세속주의, 물질주의, 과학 문명, 무신(無神) 교육, 대중 매체 등 모든 것을 총동원하여 아이들이 예수님을 만나지 못하게 차단하고 있습니다. 예수님의 동역자로서 우리는 그 술책을 간파할 뿐 아니라, 그놈 이상의 열심을 품고 어떻게 해서든지 아이들이 예수님을 만나도록 도와주어야 합니다.

어린이 사역이 왜 중요하냐고요?
하나님 나라 때문입니다

하나님 나라

우리 크리스천들이 흔히 하는 오해 중 하나는 천국에 관한 것입니다. 많은 이가 천국을 죽으면 가는 미래의 사건, 외계에 있는 어떤 장소로 생각합니다. 물론 저도 그 천국을 믿습니다. 그러나 죽어서 가는 천국은 성경이 말하는 하나님 나라의 전체 이야기가 아닙니다. 천국, 하늘 나라, 하나님 나라는 표현만 다를 뿐 모두 같은 실체를 말합니다. 신약성경에서 '나라'를 뜻하는 바실레이아(βασιλεία)라는 말은 왕이 다스리는 영역을 뜻합니다. 예수님이 왕으로 다스리시는 영역이 하나님의 나라입니다. 그곳이 우리 마음이든, 가정이든, 교회든 예수님이 왕으로 다스리시는 영역이 하나님의 나라인 것입니다.

예수님은 왕으로 이 땅에 오셨습니다. 왕이신 예수님의 공생애 첫 선언을 기억하십니까?

> 회개하라 천국이 가까이 왔느니라. _마 4:17

그때 하나님의 나라는 이미 이 땅에 시작되었습니다. 그런데 이 하나님 나라는 예수님이 이 땅에 다시 오시는 날 완성될 것입니다. 우리는 부활하여 살아 계신 예수님을 나의 왕으로 모심으로써 하나님 나라의 백성이 되었습니다. 우리가 죽을 때 우리 영혼과 몸이 분리됩니다. 몸은 흙으로 돌아가겠지만, 영혼은 예수님이 계신 천국으로 갑니다. 예수님이 다시 오실 때, 분리되었던 우리의 영혼과 몸이 다시 만납니다. 성경은 이것을 첫째 부활, 혹은 생명의 부활이라고 부릅니다. 우리는 부활한 몸으로 예수님이 완성하실 하나님 나라에서 영원히 살게 됩니다.

우리는 예수님의 초림과 재림 사이의 구간에 살고 있습

니다. 우리는 오늘 죽어도 천국에서 깨어날 것이 확정되어 있는 사람들입니다. 그런데 예수님은 왜 우리를 이 땅에 두셨을까요? 우리를 통해 우리와 함께 이루실 일이 있기 때문입니다. 우리는 하나님을 인정하지 않는 세상, 사탄이 왕으로 다스리는 나라에 살고 있습니다. 하나님 나라의 백성이자 대사로서 우리는 하나님 나라를 소개하고 홍보하며 전시하고 초대하여 하나님 나라를 확장하기 위해 이 땅에 파송된 것입니다.

> 너희는 택하신 족속이요 왕 같은 제사장들이요 거룩한 나라요 그의 소유가 된 백성이니 이는 너희를 어두운 데서 불러내어 그의 기이한 빛에 들어가게 하신 이의 아름다운 덕을 선포하게 하려 하심이라. _베드로전서 2:9

가장 큰 선교지

예수님이 세상을 떠나시기 전 우리에게 맡기신 지상사명을 기억하시지요?

> 오직 성령이 너희에게 임하시면 너희가 권능을 받고 예루살렘과 온 유대와 사마리아와 땅끝까지 이르러 내 증인이

되리라 하시니라. _사도행전 1:8

예수께서 나아와 말씀하여 이르시되 하늘과 땅의 모든 권세를 내게 주셨으니 그러므로 너희는 가서 모든 민족을 제자로 삼아 아버지와 아들과 성령의 이름으로 세례를 베풀고 내가 너희에게 분부한 모든 것을 가르쳐 지키게 하라 볼지어다 내가 세상 끝날까지 너희와 항상 함께 있으리라 하시니라. _마태복음 28:18-20

어린이 사역자로서 제 동역자인 여러분에게 교회가 잃어버린 페이지에 대해 말하고 싶습니다. 교회가 잃어버린 첫 번째 페이지는 선교의 1번지 대상이 어린이라는 것입니다. 사도행전 1장 8절에서 예수님은 예루살렘, 온 유대와 사마리아, 땅 끝까지 왕이신 예수님을 전하여 하나님 나라를 확장하라고 말씀하셨습니다. 교회의 긴 역사 동안 선교 운동에서 '땅끝'은 주로 지리적으로 이해되어왔습니다. 나와 다른 언어, 다른 문화권에 가서 예수님을 전함으로 하나님의 나라를 확장하는 것이 선교라고 생각했지요. 좁은 의미에서 보면 올바른 정의입니다.

그러나 어린이 사역자로서 제가 보는 '땅끝'은 어린이들입니다. 모든 '족속' 중 가장 큰 족속, 한없이 연장되는 '땅끝'은 바로 우리의 다음세대입니다. 아기는 불신자로 이 땅에 태어납니다. 누군가가 예수님을 가르쳐주지 않으면 그들은 죄인으로 살다 죄인으로 죽을 것입니다. 세상에서 가장 복음이 필요한, 그러면서도 가장 넓은 사각지대에 숨어 있는 선교지는 바로 아이들입니다.

아주 오래전 어디선가 들은 이야기가 저를 떠나지 않습니다. 어떤 기자가 코카콜라 회장에게 이렇게 질문했다고 합니다.

"북한이든 이란이든 이리안자야(인도네시아 동쪽 끝, 현재의 명칭은 파푸아)든 전 세계 어디서든지 코카콜라가 팔리고 있고, 코카콜라를 모르는 사람이 없다고 봅니다. 그런데도 회장님은 무엇 때문에 그렇게 천문학적인 광고비를 들여 선전합니까?"

그때 회장이 이렇게 말했다네요.

"새로 태어나는 아이들은 아직 코카콜라를 모릅니다."

잃어버린 지혜

주님의 교회가 잃어버린 또 다른 페이지는 어린이가 가장 효과적인 선교의 1번지 전략이라는 것입니다. 저는 유명한 선교학자 앤드루 월스(Andrew Walls)에게 깊이 와닿는 중요한 선교 개념을 배웠습니다. 선교가 이루어지는 방식에는 순차적 선교 방식(serial expansion)과 점진적 선교 방식(progressive expansion)이 있다는 것입니다. 먼저 순차적 선교 방식이란 지금껏 기독교가 해왔듯이 새로운 중심지가 떠오르면 과거 중심지는 쇠퇴하는 식으로 선교가 이루어지는 것을 말합니다. 기독교 확장의 중심축은 고정되지 않은 채 계속 이동해왔다고 합니다.6 예루살렘에서 출발하여 로마로, 유럽에서 미국으로, 미국에서 한국으로 또 중국으로 옮겨가는 것이지요. 그 말이 맞는 것 같습니다. 오늘날 유럽의 많은 나라는 선교사를 파송하던 국가에서 선교지로 그 양상이 바뀌고 있습니다. 왕년의 선교국들이 그들의 선교지에서 자신의 교회 사역자를 모셔 와야 할 만큼 복음의 능력을 잃어버린 것이 현실입니다.

그러나 무슬림은 한 지역을 거점으로 삼아 점차 확장하는 점진적 선교 방식으로 세상을 점령하고 있습니다. 그 좋은 예가 남프랑스입니다. 프랑스 남부의 주요 산업은 포도 농사입니다. 포도 농사는 대단히 노동 집약적이지요. 거의 모든 과정이 사람 손을 거쳐야 합니다. 그런데 프랑스 사람들이 아이를 낳지 않자, 포도 농업의 기반이 무너지는 위기를 맞게 되었습니다. 그 타개책으로 이민을 통해 아프리카의 불어권 사람

▶ 하나님 나라를 확장하는 가장 확실한 전략은 어린이들에게
예수님을 심는 것입니다.

들을 데려왔습니다. 그런데 이들이 프랑스에 올 때 노동력과 더불어 이슬람 신앙을 가지고 들어왔습니다. 프랑스 사람들이 아이를 낳지 않을 때, 이들은 아이를 많이 낳아 자녀들에게 이슬람 신앙을 심어주었습니다. 그렇게 100년이 지나지 않아 프랑스 남부는 유럽에서 가장 큰 이슬람 지역이 되고 말았습니다.

　가장 확실한 선교, 가장 확실한 하나님 나라의 확장 전략은 가장 큰 선교지이자 가장 열린 선교지인 어린이들에게 예수님을 심는 것입니다. 가장 복음화가 안 된 10/40 윈도우(북위 10도에서 40도 사이의 나라들)를 선교 대상으로 생각하던 수평적 선교 개념은 지금도 여전히 중요한 전략입니다. 그러나 4/14 윈도우(4살에서 14살 어린이)를 선교의 타깃으로 보는 수직적 선교 개념 또한 가장 실제적이고 효과적인 선교 전략입니다.[7] 어린이 사역자로서 우리가 소중하게 붙들어야 할 선교지와 선교 전략은 바로 어린이입니다.

어린이 사역이 왜 중요하냐고요?
사역에 실패할 경우 우리에게 닥칠 위험 때문입니다

오래전 어느 날 사사기를 공부하다가 저는 어린이 사역이 얼마나 중대한 소명인지를 뼛속 깊이 새겨주는 주님의 경고를 들었습니다. 저는 이것을 '요나단 신드롬'이라고 부릅니다. 요나단 신드롬이란 한 세대의 믿음이 다음세대로 이어지지 못하고 믿음의 대가 끊어지는 영적인 현상입니다. 그 경고의 메시지가 얼마나 심각한지를 알리기 위해 저는 어린이 사역자들을 섬기는 강의를 할 때마다 그리고 그들을 위해 책을 쓸 때마다, 이 경고의 메시지를 매번 전합니다.

모세의 가문[8]

> 단 자손이 자기들을 위하여 그 새긴 신상을 세웠고 모세의 손자요 게르솜의 아들인 요나단과 그의 자손은 단 지파의 제사장이 되어 그 땅 백성이 사로잡히는 날까지 이르렀더라. _사사기 18:30

북왕국 이스라엘은 B. C. 722년 앗시리아에 의해 멸망했습니다. 그들이 망한 것은 우상 숭배에 대한 하나님의 심판이었습니다. 그 우상 숭배의 쓴 물을 온 나라에 공급한 것은 북쪽의 단 지파였습니다. 그 단 지파를 우상 숭배의 중심으로 만든 사람은 요나단이라는 레위인이었습니다. 충격적인 것은 그와 함께 기록된 그의 할아버지 이름입니다. 유대인은 민족의 영웅인 모세의 명예를 위해 한 글자를 더 넣어 '므낫세(מנשה)의 손자'로 읽는다지만, 성경은 가림막 없이 그를 "모세(משה)의 손자"라고 명기합니다. 할아버지는 민족을 해방했는데, 손자는 민족을 흩어버렸습니다. 할아버지는 율법을 전달하여 백성을 축복했는데, 손자는 율법을 밟아 백성을 저주했습니다. 모세의 가문이 그렇게 되었습니다. 이들도 믿음의 대 잇기를 실패하는데, 하물며 우리 가문과 우리 교회에도 이런 일은 얼마든지 일어날 수 있음을 기억해야 합니다.

　요나단 신드롬은 종교적인 차원의 문제가 아닙니다. 한 세대의 믿음이 다음세대로 이어지지 않을 때 한 개인이 망가집니다. 한 가문이 망가집니다. 한 역사가 망가지고, 한 사회가 망가지며, 한 나라가 망가집니다. 모세의 믿음이 손자 요나단에게(이 사람이 다윗의 친구 요나단이 아닌 것은 알지요?) 이어지지 못했을 때, 그 가문이 민족을 축복하기는커녕 저주하고 파멸시키고 망가뜨린 것을 잊지 말아야 합니다. 어린이 사역자로서 우리의 사역이 얼마나 중대한지를 똑똑히 기억해야 합니다.

강돈욱의 가문[9]

　요나단 신드롬은 단지 모세의 가문에만 일어난 오래전의 일이 아닙니다. 바로 한반도에서도 일어났습니다. 강돈욱이라는 사람을 아십니까? 그는 장로였습니다. 강돈욱 장로에게는 강반석이라는 딸이 있었습니다. 강반석은 믿음의 청년 김형직과 결혼했습니다. 거기까지는 그런대로 믿음의 대물림이 이루어지고 있었습니다. 강반석은 어린 아들 김일성을 데리고 칠곡교회에 다녔습니다. 김일성은 세상을 떠나기 얼마 전, 어머니와 어린 시절 다녔던 교회에 대한 향수 때문에 국고로 예배당을 지었다고 합니다. 어린이 사역자로 치자면 김일성의 부모는 어린이 사역에 실패한 사람들이었습니다. 김형직과 강반석은 그들이 아버지에게서 물려받은 믿음을 아들 김일성에게 물려주지 못했습니다. 김일성이 아들 김정일과 그 손자 김정은에게 물려줄 것이라고는 하나님 없는 공산주의 사상과, 두 동강 난 국토와, 국제적 골칫덩이인 독재 정권뿐이었습니다. 한 세대가 다음세대에 믿음을 물려주지 못했기 때문에 민족상잔의 비극이 일어났습니다. 한 가문에서 일어난 요나단 신드롬은 북한 땅의 동족이 영육 간에 허기진 삶을 살게 하고 말았습니다. 당신이 한 세상을 망가뜨릴 수 있는 사람이라는 사실을 생각해본 적이 있습니까? 나 때문에 한 세대가 고통당할 수 있다는 사실을 우리는 두려움으로 인정해야 합니다.

당신은 아주 중요한 사람입니다. 우리는 모두 믿음의 유산을 다음세대에 물려주어야 할 책임이 있습니다. 우리는 영적인 계주자입니다. 믿음의 바통을 다음세대에 제대로 물려주지 못하면, 우리는 역사를 망가뜨리는 사람들이 될 것입니다. 반대로 나 때문에 한 세대가 바로 설 수 있습니다. 망가진 가문이 새로 서고, 망가진 교회가 새로 서며, 망가진 세대가 새로 서고, 망가진 나라가 새로 설 수 있습니다.

제4장

어린이 사역,
언제^{when} 해야 하는가?
_사역의 타이밍

모든 일에는 때가 있습니다. 성경은 말합니다.

범사에 기한이 있고 천하 만사가 다 때가 있나니 날 때가 있고 죽을 때가 있으며 심을 때가 있고 심은 것을 뽑을 때가 있으며. _전도서 3:1-2

파종할 때를 놓치면 농사를 망칩니다. 추수할 때를 놓치면 애써 지은 농사가 허사가 됩니다. 뇌졸중이나 심장마비가 왔을 때 골든 타임을 놓치면 돌이킬 수 없는 위험에 빠집니다. 불이 났을 때도 골든 타임을 놓치면 걷잡을 수 없는 대화재로 번지고 맙니다. 모든 일에는 때가 있습니다.

어린이 사역자로서 우리는 사역에서도 골든 타임을 놓치지 말아야 합니다.

왜 어린 시기인가?

어린 시기가 인생의 골든 타임이다

저는 과수원집 아들로 자랐습니다. 제게 가장 인상적인

작업은 배나무의 꼴을 잡는 것이었습니다. 배나무는 하늘을 향해 위로만 자라는 고집이 있는 것 같습니다. 모든 가지가 나오자마자 위쪽으로 뻗어갑니다. 그대로 내버려두면 마당 빗자루를 거꾸로 꽂아놓은 모습으로 자라겠지요. 그러면 채광도 공기 소통도 영양 공급도 되지 않아 열매를 맺지 못합니다. 그래서 배나무 농사의 기본은 꼴을 잡는 것입니다. 지금이야 농사 기술이 발전해서 철제 틀을 세우고 철선에 가지를 고정하는 방식으로 가지를 유인하여 나무 꼴을 잡습니다. 하지만 제가 어릴 적에는 위로 뻗은 나뭇가지를 휘어 땅에 줄로 매어서 1년 동안 고정해두어야 했습니다. 그렇게 하면 1년 후 줄을 풀어도 평생 그 모양이 유지됩니다. 가장 중요한 것은 가지를 매어두는 시기입니다. 이렇게 휘어서 고정하는 가지는 반드시 1년생 가지여야만 합니다. 2년, 3년 묵은 가지를 휘면 부러지기도 하고, 애써 묶어놓은 줄을 풀면 원래 모습으로 돌아가서 나무가 어정쩡한 모양이 되고 맙니다. 배나무의 모양과 결실은 나무 꼴이 어떻게 잡히느냐에 달려 있습니다. 그 나무 꼴을 잡는 일은 1년생이라는 골든 타임에 이루어져야 합니다.

　　인생도 마찬가지입니다. 한 사람의 인격과 삶의 나무 꼴은 어린 시기에 잡힙니다. 심리학자들은 생후 70개월 안에 평생 가는 삶의 꼴이 잡힌다고 말합니다. 어린이 사역자로서 우

▶ 한 사람의 인격과 삶의 나무 꼴은 어린 시기에 잡힙니다.

리는 한 사람의 삶을 바꾸는 골든 타임에 일하고 있음을 잊지 말아야 합니다.

어린 시기는 영적 전쟁터다

이 시기가 영적 전쟁터라는 것을 생각하면 두 개의 그림이 떠오릅니다. 언젠가 콘크리트로 포장된 길을 가다 고양이 발자국이 깊이 찍혀 있는 것을 본 적이 있습니다. 시멘트가 굳기 전에 고양이가 찍어놓은 것입니다. 그 발자국은 길이 다시 포장되기 전까지 계속 그곳에 남아 있을 것입니다. 또 다른 하

제4장. 어린이 사역, 언제 해야 하는가? 83

나는 손녀가 그린 그림입니다. 제 손녀가 어렸을 때 방에 와서 그림을 그릴 종이 한 장을 달라고 하더니 연필로 그림을 그렸습니다. 머리가 길고, 눈이 크며, 발을 덮는 긴 드레스를 입은 공주 그림이었습니다. 잠시 후 색연필로 밑그림을 색칠하기 시작했습니다. 밑그림이 공주로 그려진 이상, 그것을 강아지 그림이나 포도 그림으로 바꿀 수는 없습니다.

그렇기 때문에 어린아이의 마음은 치열한 영적 전쟁터입니다. 누가 이 인생의 결정적 고지를 선점하느냐에 따라 한 사람의 인생의 가치와 의미가 결정되고, 한 사람이 살아내고 만들어낼 세상이 달라집니다. 그러니 사탄이 이 골든 타임에 집착하는 것이 당연하지 않겠습니까? 사탄은 애굽의 바로를 동원하여 이스라엘의 모든 남자아이를 죽여 없애려 했습니다. 분열왕국 시대에는 메시아가 오실 통로를 끊으려고 악한 여왕 아달랴를 통해 다윗의 왕통을 이을 모든 손주를 죽이려 했습니다. 마침내 예수님이 이 땅에 오셨을 때 사탄은 헤롯을 동원하여 베들레헴에 살고 있던 두 살 미만의 남자아이를 모두 죽여 없앴습니다.

지금도 사탄은 아이들의 마음에 하나님을 삭제한 밑그림을 그리기 위해 온갖 수단을 동원합니다. 하나님을 제거한 학교 교육, 돈으로 하나님을 대체하는 물질주의, 하나님을 언급

하는 것조차 알레르기 반응을 보이는 대중매체와 문화…. 공통점은 하나입니다. 삶에 하나님 없는 밑그림을 새겨넣으려는 것입니다! 예수님의 동역자로서 우리도 이 골든 타임을 낭비하지 않도록 깨어 있어야 합니다.

유대인들은 아들을 낳으면, 아들을 안고 '이 아이가 혹시 그 아이, 약속하신 메시아가 아닐까?' 생각한다고 합니다. 우리는 '혹시'라는 말을 쓸 필요가 없습니다. 그 메시아가 바로 2천 년 전 우리에게 오신 예수님이시기 때문입니다. 우리가 할 일은 한 살이라도 어릴 때 우리 아이들이 예수님을 만나고, 사랑하며, 따르는 예수님의 제자로 세우는 것입니다.

2022년 2월 27일, 주일 예배를 인도하고 나오는데 한 중년 남자가 저를 찾아와 자신을 김화열 집사라고 소개하며 이렇게 물었습니다.

"저를 기억하시겠습니까?"

제가 되물었습니다.

"우리가 언제 만난 적이 있나요?"

그러자 그는 46년 전 자신이 10살 소년이었을 때 저를 만났다고 했습니다. 제가 대학생 시절 복음을 전하러 진도군 소마도에 찾아갔을 때 만난 것입니다. 그때 저만 만난 것이 아니라 예수님도 만났고, 46년이 지난 지금까지 예수님을 따르고 있다고 눈물을 글썽이며 말했습니다.

긴 세월이 지나면서 저는 그 섬 이름도, 그곳의 아이들 이름이나 얼굴도 다 잊어버렸습니다. 그러나 그 섬에서 경험했던 복음에 대한 위협과 주님의 권능만은 지금까지도 또렷이 기억하고 있습니다. 술에 거나하게 취한 청년들이 날카롭게 깎은 죽창을 제 목에 대고 내일 섬을 떠나지 않으면 찔러 죽이겠다고 위협했던 상황이 생생하게 기억납니다. 뿐만 아니라 함께 갔던 전도팀의 자매가 큰 지네에 귓불을 물려 생명을 잃을 수도 있는 위험에 처했던 일, 동네 사람들이 하나님이 있긴 뭐가 있냐고 비웃은 일, 밤이 새도록 분교 교실 바닥을 뒹굴며 속이 새카맣게 타도록 기도했던 일 그리고 여러 위험에서 구해주신 기적을 생생하게 기억합니다.[10] 저는 그분이 몰랐던 이런 비하인드 스토리를 들려주었습니다. 우리가 그 섬을 떠날 때 아이들이 가지 말라고 울면서 간청했던 일도, 그들을 내버리듯 놓고 떠나는 아린 마음에 선착장이 눈에 안 보일 때까지 울며 손을 흔들었던 일도 함께 기억하며 눈물지었습니다.

그는 그 먼 섬까지 와서 복음을 전해준 영적 생명의 은인을 오랫동안 찾았지만, 계속 실패했다고 합니다. 그런데 40년이 다 지난 어느 날, 소마도의 고향 친구 모임에서 우리가 나눠준 작은 성경책을 아직도 갖고 있는 사람이 있다는 이야기를

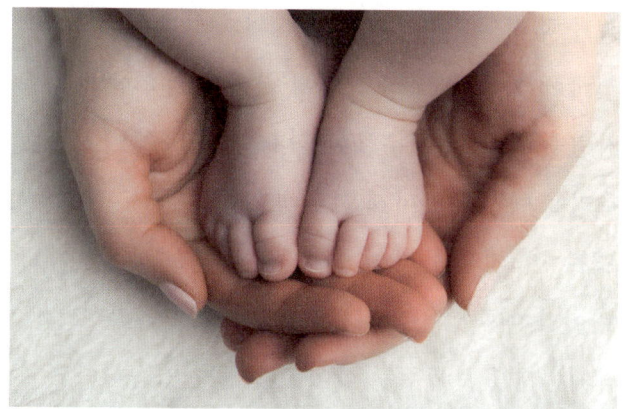
▶ 한 살이라도 어릴 때 아이들이 예수님을 만나고, 사랑하며, 따르는 예수님의 제자로 세워야 합니다.

들었다고 합니다. 그리고 그 성경 맨 뒤 페이지에 찍힌 파이디온 선교회 도장을 보고 추적하여 저를 찾아온 것입니다.

며칠 뒤, 지금은 제 친구 목사님의 아내가 된 지네 사건의 주인공과 함께 김화열 집사님을 다시 만났습니다. 그는 한 여자 집사님과 함께 나왔는데, 어릴 적 소마도에서 같이 복음을 듣고 예수님을 만난 박주연이라는 분이었습니다. 그 여집사님은 그때 자신이 선착장에서 우리 팔을 붙들고 가지 말라고 얼마나 울었는지를 이야기했습니다. 놀랍게도 같이 나간 사모님이 그 당시 섬에서 아이들과 함께 찍은 빛바랜 사진 한 장을 찾아서 가져왔습니다. 그 사진에 찍힌 아이들의 얼굴을 확인하니 흩어져 있던 소마도의 이야기 조각들이 하나로 맞추어졌습니다. 두 집사님은 이렇게 말했습니다.

"천국에 가서야 그 외딴섬에 찾아와 우리에게 복음을 전해준 사람들이 바로 이분들이구나 확인할 줄 알았는데, 하나님은 우리를 이렇게 만나게 하시네요."

우리는 함께 전율하며 눈시울을 붉혔습니다. 이 두 사람은, 어린이가 예수님을 만나면 평생의 삶의 질과 그 결이 어떻게 달라지는지를 보여주는 살아 있는 증거였습니다.

우리가 먼저 점령해야 한다

우리 사회에는 '조기' 열풍이 불고 있습니다. 조기 영어, 조기 유학, 조기 피아노…. 그러나 가장 중요한 것은 조기에 하나님을 경외하는 인생의 밑그림을 그려주고, 하나님을 사랑하는 삶의 꼴을 잡아주는 것입니다. 성경은 이렇게 말합니다.

> 마땅히 행할 길을 아이에게 가르치라 그리하면 늙어도 그것을 떠나지 아니하리라. _잠언 22:6

여기서 "가르치다"를 뜻하는 히브리어 하나크(חנך)는 그림이 그려지는 단어입니다. 이 히브리어에는 아이가 태어나면

산파가 대추야자를 삶은 물을 손가락으로 찍어 아기의 입천장을 마사지해 젖을 빠는 연습을 시킨다는 뜻이 있습니다. 조기에 하나님 말씀의 맛을 알게 되면, 평생 그 맛을 그리워하고 즐거워하며 삽니다. 그래서 유대인은 조기에 신앙의 입맛이 들도록 아이들을 철저히 훈련했습니다.

유대 민족처럼 고난 속에 살아온 민족이 어디 있을까요? 그들을 짓밟았던 페르시아 제국도, 그리스 제국도, 로마 제국도 역사의 저편으로 사라지고 말았는데, 어떻게 그들은 여전히 살아남아 실질적으로 전 세계 역사를 이끄는 앞선 민족이 되었을까요? 대답은 하나입니다. 조기 교육 덕분입니다. 가정과 회당 공동체에서 이루어진 철저한 조기 신앙 교육이 이런 엄청난 결과를 이루었습니다. 그들은 비록 나라는 빼앗겼지만, 교육은 빼앗기지 않았습니다. 랍비는 원수가 지성소를 파괴할지라도 교육만은 파괴할 수 없게 막았습니다. 그들은 아이들에게 하나님을 경외하도록 가르치는 것을 가장 중요한 가치로 여겼습니다. 골든 타임의 소중함을 알았던 가장 지혜로운 민족이 있다면 바로 유대 민족일 것입니다.

유대인의 조기 교육은 이미 4천 년 전 아브라함도 시도했습니다. 아브라함은 100세가 되어 이삭을 얻었습니다. 그러니 그의 눈에는 아들의 솜털 하나조차도 보배로웠을 것입니다.

그런데 그는 하나님이 명하신 대로 태어난 지 8일밖에 안 된 아기에게 할례를 행했습니다(창 21:4). 할례는 '나는 하나님의 백성이고, 하나님은 나의 하나님'이라는 것, 곧 자신이 하나님 백성이라는 정체성을 표시했습니다. 이삭은 자기 삶의 의미와 목적과 가치를 하루에도 몇 번씩 그 표시를 보며 확인했을 것입니다. 이보다 더 전략적인 조기 교육이 어디 있습니까?

유대인은 사회의 내일이 어린이에게 달려 있다는 사실을 잊지 않았습니다. 샴마이(Shammai)라고 하는 랍비는 모든 유대인 남자는 반드시 1년에 세 번(유월절, 오순절, 초막절) 예루살렘을 순례해야 한다고 가르쳤습니다. 자동차도 비행기도 없던 당시로서는 예루살렘까지 걸어가는 수밖에 없었습니다. 그런데도 샴마이는 아들이 아버지의 목마를 탈 수 있을 정도가 되면, 예루살렘으로 가서 하나님 앞에 나와야 한다고 가르쳤답니다. 힐렐(Hillel)이라는 랍비는 그것이 조금 심하다고 여겼는지, 아이가 아빠 손을 붙잡고 자기 발로 걸을 수 있는 나이가 되면 예루살렘에 가야 한다고 가르쳤습니다.[11] 이렇게 유대인의 아들들은 조기에 예루살렘으로 가 하나님이 행하신 일을 절기를 통해 배워야 했습니다. 랍비들은 아이들이 영적인 의미를 다 이해할 수는 없지만, 느낄 수는 있음을 알고 있었습니다. 그렇게 여러 해 반복하다 보면 그들은 살아 계신 하나님을 인식하고, 개인적으로 경험하게 되는 것입니다. 이렇듯 조기에 하나님 말씀 안에서 하나님 백성의 의식이 형성되게 하는 것이 바로 유대인의 교육이었습니다. 이 철저한 조기 신앙 교육 때문에 이들은 엄청난 세상의 핍박을 뚫고 살아남을 수 있었고, 지금까지도 세계에 큰 영향을 미치는 민족이 된 것입니다.

무엇을 해야 하나?

그렇다면 어린이 사역자로서 우리가 이 골든 타임을 놓치지 않고 해야 할 일은 무엇일까요?

어릴 때 예수님을 만나게 해야 한다

크리스천은 이 세상에 살고 있지만, 세상 사람과 인종이 다릅니다. 코로 숨 쉬고, 맥박이 뛰며, 피가 돌고, 뼈와 근육이 있는 등 육체적인 면에서는 다르지 않습니다. 그러나 영적으로는 아주 다른 사람입니다. 성경이 그렇게 말합니다.

아들(하나님의 아들 예수님)이 있는 자에게는 생명이 있고 하

나님의 아들이 없는 자에게는 생명이 없느니라. _요한일서 5:12

크리스천이라는 말 자체가 크리스천의 생명이 다르다는 것을 말해줍니다. 누가 크리스천일까요? 교회 다니는 사람이 크리스천일까요? 하긴 그렇게 쉽게 말하기는 합니다. 그러나 자기 종교가 기독교라고 말하는 사람을 다 크리스천이라고 할 수도 없습니다. 크리스천은 그저 2천 년 전 그리스도가 남겨놓으신 교훈을 따르는 사람이 아닙니다. 크리스천은 지금도 살아 계신 그리스도를 자기 안에 모시고 사는 사람입니다.

인도의 기독교 전도자인 사두 선다 싱(Saduh Sundar Singh)은 1929년에 『그리스도가 있는, 그리스도가 없는』(*With & Without Christ*)이라는 책을 썼습니다.[12] 그는 이 책에서 사람을 네 부류로 나누었습니다.

첫째, 그리스도 없는 비그리스도인(Non Christian without Christ)

둘째, 그리스도를 모신 비그리스도인(Non Chiristian with Christ, 아마도 오늘날 공산권이나 이슬람권에 있는 은밀한 신자들처럼 속으로 믿지만 겉으로는 드러내지 못하는 크리

스천)

셋째, 그리스도 없는 그리스도인(Christian without Christ, 그리스도의 생명을 소유하지도 경험하지도 못한 종교인으로서의 교인)

넷째, 그리스도를 생명으로 모시는 그리스도인(Christian with Christ)

당신은 이 중 어디에 속한다고 생각합니까? 당신에게 맡겨주신 아이들은 어떻습니까?

모든 사람은 첫 번째 부류로 태어납니다. 그러나 예수 그리스도를 만나면 네 번째 부류의 사람이 됩니다. 문제는 교회 안에도 세 번째 부류에 속하는 사람이 많다는 것입니다. 특히 믿는 부모의 자녀로 태어나 어려서부터 교회 안에서 자랐는데도 예수님을 인격적으로 만나지 못한 채 세 번째 부류의 사람으로 방치되는 경우가 많습니다. 아이들은 교회에 있든 세상에 있든 그리스도의 생명이 그 안에 살아 있는 그리스도인으로 살아가야 합니다. 어린이 사역자는 아이들이 그런 그리스도인이 되도록 반복적으로 확실하게 가르쳐야 합니다.

예수님을 인격적으로 만나지 못한 아이는 영적으로는 생명 없는 쭉정이와 같습니다. 쭉정이는 계속 물을 주고 거름을 줘도 아무런 변화를 일으키지 못합니다. 아이들에게 가장 필요한 것은 예수님을 만나는 것입니다. 따라서 어린이 사역자의 첫째 관심사는 아이의 영혼이 예수님을 만날 준비가 되었는지, 그분을 만났는지에 관한 것이어야 합니다. 예수님의 생명이 빠진 모든 기독교 교육은 참 변화와 성장을 일으키지 못합니다. 예수님을 향하지 않은 모든 성경 공부는 그저 성경 지식 게임에 불과합니다. 성경의 전문가였던 바리새인들과 율법사들이 어떻게 예수님을 거부하고 십자가에 못 박았는지 생각해 보십시오. 성경은 가르치지만 성경이 가르치는 예수님을 만나게 하지 못했다면, 우리는 어린이 사역자로서 핵심을 잃은 사역을 하고 있는 것입니다.

> 너희가 성경에서 영생을 얻는 줄 생각하고 성경을 연구하거니와 이 성경이 곧 내게 대하여 증언하는 것이니라 그러나 너희가 영생을 얻기 위하여 내게 오기를 원하지 아니하는도다. _요한복음 5:39-40

저는 아이들에게 성경에 담긴 복음의 메시지를 다섯 손가락으로 요약해서 설명해줍니다.

첫째 손가락(엄지손가락): "영생(하나님의 자녀가 되는 것)은 하나님이 값없이 거저 주시는 선물이야"(엡 2:8-9).

둘째 손가락(집게손가락): "그것을 선물로 받아야 하는 이유는 너나없이 모든 사람이 죄를 지었기 때문이야"(롬 3:23).

셋째 손가락(가운뎃손가락): "하나님은 의로우셔서 죄를 반드시 벌하셔야 하지만(롬 6:23), 자비로우시기 때문에 우리를 벌하실 수가 없어."

넷째 손가락(약손가락): "하나님은 예수님을 보내시고 우리 대신 죽게 하셔서 이 문제를 해결하셨단다(요 3:16). 예수님은 부활하여 살아 계시지."

다섯째 손가락(새끼손가락): "누구든지 이 예수님을 믿음으로 영접할 때 (무언가를 쥐듯이 다섯 손가락을 오므리며) 하나님의 자녀가 된단다"(요 1:12).

신학자와 기독교 교육학자는 어린이가 예수님을 인격적으로 만나는 것에 대하여 "책임 있는 나이"(age of accountability)라는 개념을 사용합니다.[13] 책임 있는 나이는 자신의 죄에 대한 인식을 갖게 되고, 그 죄를 용서받아야 할 필요를 느끼는 때입니다. 육체적인 나이보다는 영적인 준비 상태를 가리킨다고 보아야 합니다. 영아기나 유아기의 아이는 아직 이런 인식이 없습니다. 책임 있는 나이가 되기 전에는 성경을 통해 예수님에 관한 복음을 반복해서 들려주어야 합니다. 어느 날 아이가 영적인 관심사로 질문하고 예수님의 복음을 듣고 자신과 관련지어 질문한다면, 바로 이것이 책임 있는 나이가 되었다는 사인입니다. 아이가 역사적이고 객관적인 구원의 사건을 '나의 사건'으로 받아들일 준비가 되었을 때, 그가 예수님을 자신의 구주와 주님으로 고백하고 영접하도록 도와주어야 합니다. 저는 그 과정을 영적 조산(助産)이라고 부릅니다. 이것은 매우 중요하고 민감한 일이기 때문에 어린이 사역자는 한 아이 한 아이의 영적 반응과 성령님의 인도에 민감하게 깨어 있어야 합니다. 그리고 실제적으로 아이가 예수님을 영접할 수 있도록 도울 준비를 하고 있어야 합니다.[14]

어릴 때 제자의 바른 나무 꼴을 잡아주어야 한다

아이들이 어려서부터 삶의 목적과 가치와 원리를 바로 알고, 바르게 성장하도록 돕는 것이 우리의 일입니다. 앞에서 말했듯이, 우리에게 맡겨주신 아이들을 하늘의 소명을 품은 사람으로 인식하고, 그 사명을 담을 사람으로 키워야 합니다.

삶의 목적이 분명한 아이로 자라도록

　인생을 바르고, 아름다우며, 확신 있게 사는 방법은 인생의 진북(眞北)을 아는 것입니다. 진북을 잘못 맞추면 모든 방향이 다 틀어지지요. 그러면 삶은 혼란에 빠질 수밖에 없습니다. 어느 시대에 어디에서 어떤 일을 하며 살든 하나님의 백성이 맞춰야 할 진북은 언제나 같습니다. 하나님을 영화롭게 하는 것입니다. 그것이 창세기 1장에서 인간을 만드신 하나님의 계획이었습니다. 그러나 창세기 3장에 이르러 하나님의 영광에서 자신의 영광으로 목적을 바꾼 인간은 자신과 세상을 파멸로 이끌고 맙니다. 성경은 모든 사람이 죄를 범하였다고 말합니다(롬 3:23). 하지만 하나님은 제힘으로 빠져나올 수 없는 죄의 수렁에서 우리를 구하셔서 하나님의 영광을 누리며 사는 백성으로 만드셨습니다. 그리하여 살든지 죽든지, 먹든지 마시든지, 무엇을 하든지 주님의 영광을 위하여 사는(고전 10:31) 존재, 곧 하나님이 본래 의도하신 인간으로 회복해주셨습니다. 그러므로 하나님의 영광을 위해 사는 것은 우리의 목적이기도 하지만, 우리의 영광이자 축복이기도 합니다. 그분의 영광을 목적으로 삼아 사는 것은 우리 삶의 바른 기준과 가치를 잃지 않게 해주는 진북이기 때문입니다.[15]

　우리는 아이들이 이다음에 어떤 직업을 갖게 될지 모릅니다. 엄밀히 말하면 그건 가장 중요한 일이 아닙니다. 때가 되면 하나님이 재능대로, 은사대로, 기질대로 그들이 꽃피워야 할 자리로 이끄시고 꽃피우실 것이기 때문입니다. 그러나 모든 하나님의 자녀에게는 공통된 사명이 있습니다. 그것은 하나님께 영광을 돌리는 것입니다. 유명한 '의사'가 아닌, '의사'로서 하나님을 영화롭게 하고 세상을 축복할 참된 크리스천을 세워야 합니다. '의사'라는 칸에 농부, 회사원, 변호사, 정치가, 목사, 예술가, 연예인 등 어떤 직업을 넣어도 원리는 같습니다. 직업이 무엇인지와 상관없이 그 인생으로 하나님을 영화롭게 하고 세상을 축복하는 작은 예수(눅 2:14)로 세워야 합니다.

저는 몽골 고비 사막에서 어린 시절에 삶의 목적을 분명히 알고 자라는 것이 얼마나 중요한지 배웠습니다. 여러 해 전, 저는 고비 사막에 사는 한 몽골 유목민의 게르(Ger, 몽골인의 이동식 천막집)에서 며칠을 지냈습니다. 그 주인이 몽골 낙타에 관한 이야기를 들려주었습니다. 보통 낙타는 40년을 산다고 합니다. 낙타는 40년을 살며 주인에게 많은 유익을 줍니다. 첫째로 젖을 줍니다. 낙타 젖으로 치즈나 버터를 만들어 먹고, 차도 만들어 마십니다. 둘째로는 털을 줍니다. 해마다 털갈이를 하는 낙타의 털을 팔아서 수입을 얻습니다. 셋째로는 연료를 얻습니다. 낙타의 배설물을 모아서 말리면, 요리하거나 추

▶ 낙타의 코뚜레는 아이들이 어렸을 때부터 자신을 주님께 드리도록 세우라는 그분의 명령을 되새겨줍니다.

위를 이길 땔감으로 사용할 수 있습니다. 넷째로는 힘을 얻습니다. 낙타는 사막의 모래 위를 걷기에 편리한 발 구조를 타고났을 뿐 아니라, 일주일 동안 물을 먹지 않고도 버틸 수 있습니다. 사람이 지고 갈 수 없는 무거운 짐을 나르는 낙타는 사막의 배라고 불립니다. 마지막으로 고기를 얻습니다. 낙타가 늙거나 죽으면, 그 고기를 제공하여 끝까지 주인을 섬깁니다.

그러나 이런 유익은 한 가지 중요한 절차에 달려 있습니다. 낙타가 두 살이 되었을 때 코청을 뚫어 코뚜레를 다는 것입니다. 코뚜레를 달지 않은 낙타는 마지막 유익인 고기 외에는 아무 도움도 주지 못하는 제멋대로의 야생 낙타로 살다가

제4장. 어린이 사역, 언제 해야 하는가? 99

죽게 됩니다. 저는 그 집 낙타 코에 박혀 있던 코뚜레 하나를 얻어 제 교구함에 보관하고 있습니다. 그 코뚜레는 어린이 사역자인 제게 아이들이 어렸을 때부터 자신을 주님께 드리도록 세우라는 그분의 명령을 되새겨줍니다.

우리 아이들이 하나님께 영광이자 세상에 축복이 되는 인생을 살게 하려면, 어려서부터 자신을 예수님께 드리도록 인도해주어야 합니다. 어려서 자신을 주님께 드린 사무엘처럼, 다니엘처럼, 다윗처럼, 디모데처럼 쓰이도록 말입니다.

> 그러므로 형제들아 내가 하나님의 모든 자비하심으로 너희를 권하노니 너희 몸을 하나님이 기뻐하시는 거룩한 산 제물로 드리라 이는 너희가 드릴 영적 예배니라. _로마서 12:1

사명을 담을 건강한 그릇으로 자라도록

어린이 사역자는 아이들을 하늘의 사명을 담을 수 있는 그릇으로 빚어가는 하나님의 동역자입니다. 글씨든, 옷이든, 그릇이든 무언가를 복제할 때 가장 중요한 것은 바른 본입니다. 옷을 만들려면 먼저 종이로 만든 옷본을 마음에 드는 색깔과 재질의 천 위에 올려놓고, 분필로 따라 그리며 본을 뜨는 작업부터 시작합니다. 그리고 모양에 맞게 잘라낸 천 조각을 제자리에 맞추어 박음질하면 옷이 완성됩니다. 어떤 본을 사용하느냐에 따라 옷의 모양과 가치와 용도가 달라집니다.

우리가 다음세대를 빚을 때 가장 중요한 것은 그들 위에 올려놓고 뜰 바른 본입니다. 그 바른 본은 예수님이십니다. 우리가 예수님을 본뜰 때, 우리도 아이들도 작은 예수로 빚어질 것입니다.

앞서 살펴보았듯이, 누가복음 2장은 예수님이 어떻게 하늘의 사명을 담은 그릇으로 자라가셨는지 분명한 그림을 보여주며 예수님을 본뜰 수 있게 도와줍니다. 예수님을 따라 바른 구조와 기능과 성품과 기술을 본떠야만 작은 예수를 빚을 수 있습니다. 좀 더 구체적으로 이야기해보겠습니다.

○ 바른 구조가 자라야 한다

예수님은 육체적으로 건강하게 자라셨습니다. 누가복음 2장 40절은 예수님이 자라며 튼튼해지셨다고 말하고, 52절은 예수님의 키가 더욱 자랐다고 묘사합니다. 우리는 아이들을 육체적으로 튼튼한 사람으로 키워야 합니다. 몸이 병들면 하늘의 소명을 이룰 그릇이 되기 어렵습니다. 12살짜리 소년 예수님은 나사렛에서 예루살렘까지 걸어서 6일이나 되는 거리를 가셨다가, 명절 후 다시 나사렛까지 걸어서 돌아가실 정도로 건강하셨습니다. 우리 아이들도 육체적으로 그렇게 건강하게 자라야 합니다. 아이들이 하늘의 귀한 사명을 담을 건강한 육체적 그릇으로 빚어지도록 도와야 합니다.

예수님은 지성적으로도 건강하게 자라셨습니다. 누가복음 2장 40절과 52절은 예수님의 지혜가 자랐다고 묘사합니다. 예수님의 지식이 늘었다고 하지 않고, 지혜가 충만했다고 말합니다. 지식은 많지만 지혜가 없으면, 그 지식으로 자신과 남을 해치는 악당이 될 수도 있습니다. 중요한 것은 지식이 아니라 지혜입니다. 자신에게 있는 지식을 하나님의 영광을 위해, 인류의 축복이 되기 위해 어떻게 사용해야 할지를 아는 것이 지혜입니다. 그렇기 때문에 지혜라는 그릇이 잘 준비되어야 합니다. 예수님은 12살밖에 되지 않으셨지만, 예루살렘에서 율법학자들과 토론을 벌일 만큼 지혜로우셨습니다. 우리 아이들도 그렇게 자라야 합니다.

예수님은 정서적, 사회적으로도 건강하게 자라셨습니다. 예수님은 12살 때 예루살렘에 가셨다가 3일이라는 긴 시간을 가족과 떨어져 홀로 계셨습니다. 예수님은 그 상황을 능히 감당할 만큼 정서적으로 안정되셨고, 3일 동안 낯선 사람들과 어울려 계실 만큼 성숙하셨습니다. 예수님은 사회성이 좋으셨던 것이 분명합니다. 부모가 아들이 눈에 보이지 않아도 어딘가에 있을 거라 안심하고 예루살렘을 떠나 하룻길을 갈 정도였으니까요. 우리 아이들도 그렇게 자라야 합니다.

예수님은 도덕적, 영적으로도 건강하게 자라셨습니다. 예수님의 정체성을 깨닫지 못하는 부모에게도 겸손히 순종하여 받드셨습니다(51절). 하나님의 은혜가 예수님과 함께했습니다(40절). 예수님은 하나님과 사람에게 사랑받으셨습니다(52절). 우리 아이들도 그렇게 자라야 합니다.

○ 바른 기능이 자라야 한다

성부, 성자, 성령 하나님은 셋인데 하나이시며, 하나인데 셋이신 관계적인 존재이십니다. 당연히 하나님은 우리를 지으실 때도 관계적인 존재로 지으셨습니다. 하나님의 형상으로 빚어진 우리는 네 개의 관계 속에서 살아가도록 창조되었습니다. 하나님과의 관계, 자신과의 관계, 이웃과의 관계 그리고 세상과의 관계입니다. 그런데 인간의 타락으로 그 아름답던 관계는 손상되었습니다. 그러나 그리스도의 구원으로 그 관계가 회복됩니다. 신학적으로는 창조된 대로 관계가 회복되는 과정을 성화라고 부르고, 이 관계의 완성을 영화라고 부릅니다. 올바른 관계가 회복되는 것이 이 땅에서 우리 어린이들이 평생 추구해야 할 목표입니다.

잠시 눈을 감고 십자가를 마음 화면에 그려보세요. 십자가의 수직선과 수평선을 연장하여 화면을 네 영역으로 나누어보세요. 로널드 하버마스(Ronald Habermas)와 클라우스 이슬러(Klaus Issler)는 이 네 개의 영역을 십자가로 회복되어야 할 네 개의 관계로 설명합니다.16 이 각각의 관계 영역에 우리 아이들이 이 땅에서 추구해야 할 목표가 있습니다. 이것은 우리 사역의 목표이기도 하지요.

십자가의 서북쪽은 하나님과의 관계 영역(Communion)을 가리킵니다. 하나님과 관련하여 우리의 목표는 온 마음을 다해 하나님을 사랑하는 것입니다. 그러기 위해서는 하나님을 날마다 더 알아가야 합니다. 기독교는 종교(Religion)가 아니라 관계(Relationship)라고 말합니다. 하나님에 대한 지식이 아닌, 하나님을 개인적이고 인격적으로 알고 사랑하며 순종하는 아이들로 살아가도록 세우는 것이 우리 사역의 으뜸 되는 목표입니다.

십자가의 동북쪽은 나 자신과의 관계 영역(Character)입니다. 자신과 관련하여 우리의 목표는 날마다 예수님을 닮아 자라가는 것입니다. 우리 아이들이 평생 상황과 관계없이 당당한 하나님의 사람으로 살려면, 자신을 올바로 정의해야 합니다. 세상이 성취 중심, 외모 중심, 현세 중심적인 가치로 그들을 정의하는 것을 허락하지 않도록 단단히 세워야 합니다. 하나님의 자녀는 아버지이신 하나님이 내리시는 정의에 따라 자신을 정의할 줄 아는 믿음이 있어야 합니다. 우리 아이들이 평생 하나님의 자녀, 그 외아들과 맞바꾼 소중한 자녀임을 잊지 않도록 새겨주어야 합니다. 또한 아이들이 자기 자신을 바로 사랑하도록 세워야 합니다. 하나님이 사랑하시는 사랑으로 자신을 사랑하게 해야 하는 것이지요. 또한 평생 하나님의 뜻을 이루어드리는 하나님의 파트너로 자신을 개발해가도록 도와야 합니다.

십자가의 동남쪽은 다른 사람과의 관계 영역(Community)입니다. 다른 사람과 관련하여 우리 아이들의 목표는 이웃을 사랑으로 대하고 사랑으로 섬기는 것입니다. 하나님과의 수직적 관계의 회복은 사람과의 수평적 관계의 회복으로 나타나야 합니다. 수평적 사랑의 자원과 동력은 수직적 사랑에 있습니다. 우리 아이들은 하나님께 받은 사랑으로 다른 사람을 사랑하고 섬기도록 자라야 합니다.

십자가의 남서쪽은 세상과의 관계 영역(Commission)입니다. 세상과 관련된 우리의 목표는 전도와 섬김입니다. 우리가 그렇듯 우리 아이들도 복음으로 세상을 축복하기 위해 이 땅에 남겨져 있습니다. 또한 사랑으로 세상을 섬기기 위해 이 땅에 살고 있습니다. 이것은 하나님이 지으신 세상의 청지기로서 감당해야 할 책임입니다. 자신이 어디에 심겼든지, 어떤 일을 하든지 전도와 섬김을 통해 하나님의 다스리심을 이 땅에 이루어가야 함을 알아야 합니다.

지금까지 살펴본 것이 어린이가 평생 하나님을 영화롭게 하는 목적(purpose)을 이루기 위해 다다라야 할 성장 목표(goal)입니다.

○ 바른 성품이 자라야 한다

저는 크리스천(Christian)이라는 말을 이렇게 해석하고 가르치며 살아왔습니다. 그리스도(Christ)가 이(i, 내 마음을 가리키며) 안(an)에 사시는 사람.

저희 집 냉장고에는 소주병이 몇 개 있습니다. 그러나 제 아내와 저는 그것을 소주병이라고 부르지 않습니다. 참기름병, 들기름병이라고 부릅니다. 병에 무엇이 담겨 있느냐가 그 병이 무엇인지를 정의합니다. 우리가 크리스천인 이유는 우리 안에 예수님이 계시기 때문입니다. 참기름병을 기울이면 고소한 향이 퍼지며 참기름이 흘러나오듯이, 우리의 모든 생각과 말과 행동에는 우리 안에 계신 예수님의 성품이라는 향기가 흘러나와야 합니다.

예수님께는 두 가지 속성이 있습니다. 예수님은 하나님이시기 때문에 그분께만 있고 인간에게는 없는 속성을 '비공유적속성'(非共有的屬性) 혹은 '절대속성'이라고 합니다. 모든 것을 아시는 전지성, 모든 곳에 계시는 편재성, 모든 일을 하실 수 있는 전능성, 영원 전부터 영원까지 존재하시는 영원성, 모든 것에 완전하신 완전성 등이 그것입니다.

또한 예수님과 우리가 공유하는 속성이 있습니다. 그분께도 있고 우리에게도 있는 도덕적 속성입니다. 이것을 우리는 '공유적속성'(共有的屬性) 혹은 '보편적속성'이라고 부릅니다. 이 공유적 속성을 '성품'이라고 바꾸어도 됩니다. 바울은 우리를 통해 드러나야 할 우리 속에 계신 예수님의 성품을 이렇게 정리해주었습니다.

> 오직 성령의 열매는 사랑과 희락과 화평과 오래 참음과 자비와 양선과 충성과 온유와 절제니 이 같은 것을 금지할 법이 없느니라. _갈라디아서 5:22-23

이 아홉 가지는 성령(우리 안에 영으로 계신 예수님)을 모신 사람 속에 맺히는 성품입니다. 사랑은 하나님이 나를 용서하시고 받아주시며 돌보아주신 대로 남들에게 똑같이 행하는 것입니다.

희락은 우리의 모든 삶이 주님 손에 달렸음을 믿는 믿음으로 상황과 관계없이 기뻐하는 것입니다.

화평은 언제, 어디서나, 누구와도 다투지 않고 화목한 것입니다.

오래 참는 것은 모든 일에 하나님의 계획이 있음을 믿고 힘들어도 견디는 것입니다.

자비는 주님이 나를 불쌍히 여기신 것처럼 남을 불쌍히 여기는 것입니다.

양선은 하나님이 우리에게 가장 좋은 것을 주시듯이 남을 가장 좋게 대하는 것입니다. 나와 남에게 모두 좋은 쪽을 선택하는 것이지요. 어려운 말로는 공동선(common good)이라고 합니다.

충성은 무슨 일을 하든지 정성과 마음을 다해 하늘 왕을 섬기는 자세로 행하는 것입니다.

온유는 친절한 태도와 행동을 말합니다.

절제는 무엇이든지 지나치거나 모자라지 않게 자신의 생각, 감정, 말, 태도, 행동 등을 조절하는 능력입니다. 크리스천은 먹는 것, 보는 것, 하는 것, 노는 것 등 모든 일을 할 수 있다고 해서 다 하지 않습니다. 왜냐하면 하늘 왕 앞에서 사는 삶이니까요.

어린이 사역자는 우리 어린이들이 언제, 어디서, 누구와 무슨 일을 하든 이런 성품의 열매를 맺게 해주고, 이로써 그들 속에 예수님이 계신 것을 주변 모든 사람이 알아차리게 하며, 그분의 향기를 내뿜는 사람으로 살아가도록 세워주는 사람입니다.

여기에 비유 하나를 더하자면, 크리스천은 과일나무라고 할 수 있습니다. 앞서 말한 아홉 가지 성품은 참기름이 쏟아지듯 한꺼번에 나오지 않습니다. 오히려 과일나무가 자랄수록 더 많은 열매가 맺히듯, 나이 들어가며 믿음이 자랄수록 그 성품들이 더 많아지고 깊어지며 풍성해지는 것입니다. 저도 아직 많은 부분에서 성품의 열매가 모자라 탄식할 때가 많습니다. 그러나 저는 믿습니다. 제가 천국에 가기까지 열매가 계속 풍성히 늘어나는 나무로 자라갈 것을 말입니다.

○ 크리스천의 바른 삶의 원리를 붙들고 자라야 한다

어려서부터 아이들은 '나는 어떻게 살아야 하는가?'에 대한 명확한 대답을 가지고 자라야 합니다.

뉴욕 앞바다에는 자유의 여신상이 서 있습니다. 이 동상은 한 손에는 자유의 횃불을 들고, 다른 한 손에는 독립선언

▶ 십계명은 우리를 사랑하시는 아버지 하나님이 우리를 보호하시려고 그어두신 안전 기준선입니다.

서를 들고 서 있습니다. 자유를 찾아 새 땅에 도착한 이민자와 노예에게 이 여신상은 두 가지 메시지를 주었을 것입니다. 하나는 환영의 메시지이고, 다른 하나는 경고의 메시지겠지요. "이 새 땅에서 얻게 될 자유를 누리려면 법을 잘 지켜야 합니다"라는 메시지일 것입니다.

십계명이 그러합니다. 하나님의 은혜와 능력으로 이집트의 노예 생활에서 구원받은 이스라엘은 하나님의 소유 된 백성으로서, 온 세계와 하나님 사이를 연결하는 제사장 민족으로서 새로운 소명과 책임을 받았습니다. 하나님은 그들이 얻은 자유가 또 다른 형태의 노예 생활로 전락하는 것을 막기 위해 십계명을 주셨습니다.

십계명은 관계에 관한 것입니다. 1-4계명은 하나님과의 관계를, 5-10계명은 이웃과의 관계를 다룹니다. 십계명은 당시 이스라엘 백성에게나 우리에게나 '무엇을 하지 말라'거나 '무엇을 하라'는 속박이 아닙니다. 오히려 모든 종류와 형태의 속박과 노예로 전락하는 것을 막아주는 특별한 보호 장치입니다. 십계명은 구원받은 하나님의 백성으로서 우리의 정체성과 축복을 지키고 누리게 해줄, 우리 삶의 절대 기준선입니다.

어떤 미국 사람이 십계명(Ten Commandments)의 Ten 뒤에 알파벳 세 글자(der)를 더 써넣었다고 합니다. Tender Commandments라고 말입니다. 어머니와 아버지가 자녀에게 그어주는 사랑의 기준선처럼, 십계명은 우리를 사랑하시는 아버지 하나님이 우리를 보호하시려고 그어두신 안전 기준선이라는 뜻이겠지요. 우리를 구원하신 하나님을 사랑하고, 그 구원의 은혜에 감사하는 마음으로 절대 기준선에 순종하면, 하나님을 영화롭게 하고 자신과 이웃을 축복하는 오늘을 살 수 있습니다.

제1계명: 너는 나 외에는 다른 신들을 네게 두지 말라.
제2계명: 너를 위하여 새긴 우상을 만들지 말고, 그것들에게 절하지 말라.

제3계명: 너는 네 하나님 여호와의 이름을 망령되게 부르지 말라.

제4계명: 안식일을 기억하여 거룩하게 지키라.

제5계명: 네 부모를 공경하라.

제6계명: 살인하지 말라.

제7계명: 간음하지 말라.

제8계명: 도둑질하지 말라.

제9계명: 네 이웃에 대하여 거짓 증거하지 말라.

제10계명: 네 이웃의 집을 탐내지 말라.

우리와 우리 아이들이 사는 세상은 마치 지뢰밭과 같습니다. 마귀가 하나님의 백성을 넘어뜨리기 위해 산지사방에 매설해놓은 지뢰밭을 걷듯, 우리는 위험한 세상에서 살아가고 있습니다. 어디에 어떤 올무와 함정이 도사리고 있는지 우리는 알지 못합니다. 그러나 두려워할 필요는 없습니다. 하나님의 자녀에게는 이런 상황에서도 담대하고 평안하며, 행복하고 안전하며, 당당하게 걸어갈 수 있는 탐지기가 있으니까요. 그것이 바로 하나님이 주신 십계명입니다.

그러니 아이들이 무엇보다 먼저 십계명을 외우게 해야 합니다. 그것을 마음에 새기고 생각에 기록하게 해야 합니다. 그래야 십계명이 기준선이 되어 그들의 모든 결정, 모든 판단, 모든 선택의 기준으로 작동할 수 있으니까요. 그리고 날마다 이 절대 기준선에 맞추어 삶의 세세한 모든 것을 한 방향으로 정렬하는 것을 습관화하고 의식화하도록 가르쳐야 합니다. 그렇게 하면 우리 어린이들은 평안하고 안전하며 충만한 삶을 누릴 수 있을 것입니다.

○ 하나님의 능력을 활용하는 기술을 익히며 자라야 한다

아이들이 크리스천의 바른 정체성, 바른 목적, 바른 원리에 따라 살면 좋겠다는 바람과 실제로 그렇게 사는 것은 전혀 다른 문제입니다. 많은 이가 바른 크리스천의 삶을 살지 못하는 근원적인 이유는 크리스천의 삶의 가능성을 오해했기 때문입니다. 크리스천의 삶은 우리가 살아내기에 너무도 힘들다고 오해합니다. 하지만 절대 그렇지 않습니다. 그 삶을 사는 것은 불가능합니다. 크리스천으로 사는 것이 불가능하다면 하나님은 어떻게 그 불가능한 삶을 우리에게 요구하실까요? 내 힘으로는 그 삶을 절대 살아낼 수 없지만, 하나님의 능력으로는 얼마든지 살아낼 수 있기 때문입니다. 크리스천의 삶은 내 밑천이 아닌 하나님 밑천으로 사는 삶이라는 것을 잊지 않을 때에야 살 수 있습니다.

▶ 전철이 스스로 움직일 수 없는 것처럼, 우리는 늘 예수님과 접선되어 있어야 합니다.

예수님은 이렇게 말씀하셨습니다.

나는 포도나무요 너희는 가지라 그가 내 안에, 내가 그 안에 거하면 사람이 열매를 많이 맺나니 나를 떠나서는 너희가 아무것도 할 수 없음이라. _요한복음 15:5

우리 안에 살아 계신 그리스도의 영을 성령님이라고 부릅니다. 아이들은 비록 어리지만, 예수님의 능력을 삶의 에너지로 연결하여 사는 법을 알아야 합니다. 어렵다고요? 저는 제 손녀들에게 실생활에서 경험하는 이야기로 그 원리를 가르쳐주었습니다.

전철 위에는 전선이 있고, 그 전선에는 2만 5천 볼트의 무시무시한 전기가 흐릅니다. 전철 안에 있는 모터와 그 전기가 연결되면, 엄청난 무게의 쇳덩어리 열차가 움직이게 되는 거지요. 문제는 그 연결이 절대 끊어지면 안 된다는 것입니다. 전선이 끊어지면 기차는 힘을 잃고 곧 멈춰 섭니다. 크리스천의 삶도 그렇습니다. 전철에는 그 연결이 끊어지지 않게 해주는 집전 장치가 있습니다. 팬터그래프(pantograph)라고 부릅니다. 열차와 전선 사이에 사마귀 앞발 모양의 장치를 본 적이 있을 것입니다. 팬터그래프는 열차와 전선의 접속이 끊어지지 않고 늘 연결되어 있도록 받쳐주는 스프링을 말합니다. 전철이 스스로 움직일 수 없는 것처럼, 우리의 노력과 결심만으로는 예수님의 제자로서 살아갈 수 없습니다. 그래서 우리는 늘 예수님과 접선되어 있어야 합니다.

예수님께 붙어 그분의 능력으로 살아가려면, 구체적으로 어떻게 해야 할까요? 하나님은 우리가 그분의 능력으로 살아가며 자랄 수 있도록 그 방편을 주셨습니다. 식물이 자라려면 토양에 영양소가 필요하듯, 몸이 건강하게 자라기 위해 영양소가 필요하듯, 예수님을 닮아 자라가기 위해서도 다섯 가지 영양소가 필요합니다. 아이들이 어려서부터 그 성장의 방편을 몸으로 배우도록 도와야 합니다.

첫째는 말씀입니다. 말씀은 영혼에 밥을 먹이는 일입니다. 성경을 매일 규칙적으로 읽어야 합니다. 그리고 주일마다 예배에 참석하여 그 시간 그 자리에 임하셔서 설교자를 통해 전해주시는 하나님의 말씀을 잘 들어야 합니다. 어려서부터 매일 성경을 읽는 습관이 몸에 배도록 연습해야 합니다.

둘째는 기도입니다. 기도는 우리의 생명을 유지하는 영적 호흡입니다. 손으로 코와 입을 막고 숨을 막아보십시오. 답답하고, 죽을 것같이 고통스럽지 않습니까? 기도가 없으면 영적인 생명은 질식당해 힘을 잃어버리고 맙니다. 기도는 성도의 영적 보급로이고, 기도는 성도의 영적 탯줄입니다. 어린이들이 무엇이든지 하나님과 이야기하는 기도의 맛을 배우며 자라도록 훈련해야 합니다.

셋째는 예배입니다. 크리스천의 삶은 치열한 전투입니다. 예배는 우리의 영적 성장에 필요한 영양을 공급하는 다중적 축복의 현장입니다. 성장하고 성숙하는 하나님의 자녀는 예배를 생명처럼 여겨야 합니다. 예배는 아이들의 영적인 삶을 지켜주는 가장 중요한 보루입니다.

넷째는 교제입니다. 한 사람의 성장에 가족이 얼마나 중요한지는 두말할 필요가 없습니다. 영적 성장도 마찬가지입니다. 교회라는 영적인 가족 없이 영적인 성장은 이루어지지 않습니다. 주일에 믿음의 공동체 안에서 예배하는 일을 생명처럼 여기게 해주어야 합니다. 그리고 평생 함께할 믿음의 친구들을 교회 안에서 만나도록 다양한 기회를 마련해주어야 합니다.

마지막으로는 전도와 봉사입니다. 먹기만 하고 배출하지 않으면 영양이 과도하게 쌓여 비만에 이르고, 몸은 심각한 위험에 빠지게 됩니다. 전도와 봉사 없이 우리는 건강한 하나님의 사람으로 자랄 수 없습니다. 우리가 영적인 식욕을 잃는 이유는 대부분 영적인 에너지를 채우기만 하고 사용하지 않기 때문입니다. 가족은 나이와 상관없이 서로 섬기고 돕습니다. 이와 같이 아이들이 믿음의 공동체 안에서 서로 섬기며 자라도록 가르쳐야 합니다.

우리 아이들이 어제보다 오늘이, 지난주보다 이번 주가, 지난해보다 올해가 더욱 예수님을 닮아 자라가는 시간이 되도록, 그런 진보를 계속 이루도록 돕는 것이 어린이 사역의 본질입니다. 그리고 주님은 고대하십니다. 우리가 먼저 아이들의 눈앞에서 성장과 진보의 개인 기록을 날마다 갱신하는 하나님의 사람으로 자라가기를 말입니다.

제5장 | 어린이 사역,
어디에서 ^{where} 해야 하는가?
_사역의 장

가정에서

이 세상에 존재하는 수많은 기관 중 하나님이 직접 지으신 기관은 둘밖에 없습니다. 하나는 가정이고, 다른 하나는 교회입니다. 교회가 타락한 인간을 위한 하나님의 프로그램이라면, 가정은 원래의 인간, 곧 타락하기 전의 인간을 위한 하나님의 프로그램입니다. 하나님은 분명한 목적을 갖고 가정을 만드셨습니다. 가정은 보이지 않는 하늘의 실체를 이 땅에 보여주고, 보이지 않는 하나님을 비추어주는 하늘의 거울입니다. 가정은 근본적으로 교육적 기관입니다. 결혼한 부부는 두 사람이 하나가 되고, 하나인 듯싶다가도 두 인격이 되는 것을 경험합니다. 이를 통해 세 위격이신데 한 분이시고, 한 분이신데 세 위격이신 하나님의 신비를 깨닫습니다. 또한 가정이 본질적으로 교육적인 것은 결혼 후에 얻은 자녀를 키우며 부모는 아버지 하나님의 사랑과 은혜를 배우기 때문입니다. 그리고 그 자녀는 부모의 희생적이고 무조건적인 사랑을 받으며 하나님의 사랑과 은혜가 무엇인지를 배우게 되지요. 가정은 하나님이 지으신 첫 번째 기관이자, 가장 탁월한 교육 기관입니다.

그래서 가정은 인간의 타락 이후 사탄이 집중적으로 공격을 퍼붓는 표적이 되고 있습니다. 창세기만 보아도 그것을 알

수 있습니다. 창세기 3장에서 인간이 타락합니다. 4장에는 형제 살인이 나오고, 일부다처제가 등장합니다. 9장에 가면 포르노그래피가 나옵니다. 16장에 이르면 첩을 얻는 이야기가 그려지고, 19장에 가면 동성애가 나옵니다. 34장에서는 강간 사건이, 38장에서는 성매매와 근친상간이 나옵니다. 39장에는 집요한 성적 유혹 이야기가 기록되어 있습니다.

어린이 사역자가 놓치지 말아야 할 사역의 타깃은 아이들의 가정입니다. 왜냐하면 가정이 1번지 교육 기관이고, 부모는 다음세대를 양육하는 1번지 책임자이기 때문입니다. 아이들이 자라는 1번지 교실이 가정이고 1번지 교사가 부모라면, 우리는 가정을 든든히 세우고 부모가 자신에게 맡겨진 자녀를 잘 세우도록 돕는 것을 사역의 우선순위에 두어야 합니다.

그런데 현실은 어떻습니까? 주일이면 가족이 함께 차를 타고 교회 주차장에 도착하지만, 각자 다른 공간으로 흩어집니다. 각자 다른 메시지를 듣고 다른 찬양으로 예배한 후 집으로 갑니다. 공통적인 영적 화두도, 관심사도 없는 영적 이산가족이 되어 각기 제 삶을 살다 주일이면 또다시 교회로 돌아옵니다. 교회는 언젠가부터 부모들을 설득했습니다. 아이를 교회에 데려오기만 하면 믿음의 사람으로 키워주겠다고. 교회는 아이들의 믿음을 키워주는 능력과 책임을 지닌 기관을 자임하면서

부모에게서 영적 양육의 책임을 떠맡았습니다. 앞에서 말했듯이, 문제는 교회의 이러한 생각이 가정과 부모에게 있는 신앙 교육의 기능을 훼손한 데 있습니다. 그러나 부모가 동원되지 않는 교회 교육은 한 손으로 손뼉을 치려는 것과 같습니다.

가정이 1번지 책임 기관이라면, 교회 교육은 없어져도 된다는 말일까요? 절대 그렇지 않습니다. 교회에는 다음세대가 건강하게 자랄 교육 생태계를 살려내고 보호하는 결정적인 힘과 책임이 있습니다. 부모가 1번지 교육가가 되고 가정이 1번지 교육 기관이 되게 하려면, 교회는 두 배나 더 많은 사역의 몫을 감당해야 합니다. 모든 부모가 아이들을 믿음으로 양육할 정도로 성숙하지는 않습니다. 또한 부모가 예수님을 믿지 않는데 홀로 교회에 나오는 아이들도 있습니다. 이런 아이들에게 교회는 제2의 가정이 되어야 하고, 교사는 제2의 부모가 되어야 합니다.

교회에서 가르치는 바른 진리라는 에너지와 가정에서 공급하는 부모의 사랑이라는 에너지가 합쳐질 때, 우리의 다음세대는 건강한 믿음의 세대로 설 수 있습니다. 이에 대해 레지 조이너는 이렇게 말합니다.[17]

- 한 사람에게 하나님과의 관계보다 더 중요한 것은 없다.

- 부모만큼 아이와 하나님과의 관계에 영향을 미칠 수 있는 사람은 없다.
- 교회보다 부모에게 더 큰 영향을 미칠 수 있는 단체는 없다.
- 아이에게 영향을 미칠 수 있는 교회의 잠재력은 교회가 부모와 협력할 때 극적으로 증대된다.
- 아이에게 영향을 미칠 수 있는 부모의 잠재력은 부모가 교회와 협력할 때 극적으로 증대된다.

교회는 부모를 세워야 합니다. 부모가 말씀을 붙들도록 세워야 합니다. 부모가 자녀의 눈앞에서 말씀을 살아내도록 세워야 합니다. 부모가 자녀에게 말씀을 가르치도록 세워야 합니다. 먼저 사역자의 가정이 그런 모델 하우스로 서야 합니다.[18]

신앙 공동체에서

주일학교의 순기능

다시 묻습니다. 가정이 1번지 교육 기관이다? 그러면 교회 교육이 설 자리가 없다는 말인가요? 아닙니다. 교회도 주일학교도 아이들이 하나님의 건강한 세대로 자라기 위해 절대적으로 필요한 양육의 장입니다.

주일학교는 예수님이 직접 세우신 기관은 아닙니다. 주일학교는 1780년 영국 글로체스터에서 로버트 레이크스(Robert Raikes)에 의해 시작되었습니다. 레이크스는 영국의 산업 혁명에 따른 청소년들의 소외와 범죄를 극복하고자 하는 사회적인 이유로 주일자선학교(Sunday Charity School) 형태로 주일학교를 시작했습니다. 레이크스는 6-14세까지의 아이들을 매 주일 10-12시, 1-5시 30분 사이에 모아 읽기와 쓰기, 수학과 교리문답 등을 가르쳤습니다. 목표는 "범죄를 막고, 근면의 덕을 가르치며, 무지의 암흑을 추방하여 지식의 빛 아래서 살게 하는 것"이었습니다.[19] 주일학교는 미국으로 건너와 교회 확장의 수단으로 사용되면서 교회 안의 교육 기관으로 자리 잡았습니다. 이 주일학교는 선교사들의 손에 들려 우리에게까지 전해졌습니다.

이처럼 교회 밖에서 시작된 주일학교는 교회 교육과 동의어로 생각될 만큼 기독교 교육의 핵심 기관으로 자리 잡게 되었습니다. 주일학교는 예수님이 세우신 기관은 아니지만, 예수님의 교회에 입양된 기관이라고 할 수 있습니다. 주일학교는 교회의 전도 기능과 교육 기능을 담당하는 충성스러운 기관으로 자라왔습니다.

주일학교는 규모나 시설, 전문성이나 투자 면에서 볼 때 학교라는 말을 붙이기에도 민망한 작은 학교임에는 틀림없습니다. 그러나 주일학교는 그 내용에서, 그 영향력에서, 그 동기에서는 큰 학교입니다. 주일학교에서는 세상 어느 학교에서도 배울 수 없는 예수님을 가르칩니다. 예수님만이 아담 이후 모든 인간이 찾는 바로 그 길, 곧 하나님께 이르는 유일한 길입니다. 사람의 몸을 입고 이 땅에 오신 창조주 예수님만이 인간이 그렇게도 찾아 헤매는 절대 기준이자 절대 진리입니다. 그리고 성부, 성령 하나님과 함께 인간을 설계하시고, 흙으로 빚으시며, 그 코에 생기를 불어 넣으셨던 생명의 주인이 바로 예수님이십니다. 그래서 예수님은 "나는 생명이다"(요 11:25, 14:6)라고 말씀하셨습니다. 어느 학교, 교수, 교육 기관이 영원한 생명을 가져다주는 진리를 가르칠까요? 오직 주일학교뿐입니다. 주일학교는 작지만 큰 학교입니다.[20]

그뿐 아니라 주일학교에서 배운 것은 한 인간의 삶의 모든 영역에 영향을 미칩니다. 주일학교에서 가르치는 예수님의 복음은 단지 영적인 영역뿐 아니라 육체, 지성, 감성, 사회, 도덕의 전 영역에 변화를 가져옵니다. 주일학교에서 배운 것은 이 땅에서 보내는 삶뿐 아니라, 영원에까지 영향을 미칩니다. 성경은 말합니다.

> 모든 성경은 하나님의 감동으로 된 것으로 교훈과 책망과 바르게 함과 의로 교육하기에 유익하니 이는 하나님의 사람으로 온전하게 하며 모든 선한 일을 행할 능력을 갖추게 하려 함이라. _디모데후서 3:16-17

주일학교는 사역의 동기가 다릅니다. 주일학교가 존재하는 동기는 정보 전달이나 기술 전수가 아닙니다. 생계 수단을 위한 직장도 아닙니다. 주일학교 사역을 하는 동기는 주님이 주신 사명이고, 우리 왕 예수님을 향한 사랑과 충성과 순종입니다. 세상의 모든 학교는 재정이 없으면 문을 닫을 수밖에 없습니다. 학교 교육 종사자들은 월급이 없으면 그만둘 수밖에 없습니다. 그러나 주일학교는 월급이 없어도, 누가 알아주지 않아도, 힘들고 고단해도, 상급 기관의 감사(監査)와 감독이 없어도 유지됩니다. 주님을 사랑하는 한 명의 교사가 있고, 그가 사랑으로 돌보는 한 명의 학생이라도 있다면 주일학교는 존재합니다.

주일학교의 역기능

그러나 인정하고 싶지 않은 불편한 진실은 그 주일학교가 시들어가고 있다는 것입니다. 1990년대 이후 주일학교가 점점 더 힘을 잃어가고 있습니다. 학생 수가 현저히 줄고, 부모들과 아이들의 관심과 기대에서 멀어지며, 아이들은 몸과 마음으로 주일학교를 떠나고, 교사들은 맥이 빠지며, 교사 사역은 교회 안의 3D 봉사로 전락하고, 주일학교가 아이들의 삶에 미치는 영향력은 점점 미미해지고 있습니다. 작은 교회에서부터 주일학교가 없어지더니, 급기야 한국 교회 절반의 주일학교가 없어지고 말았습니다.[21] 이것이 안타까운 우리의 현실입니다. 그러나 더 심각한 현상이 벌어지고 있습니다. 매우 아이러니하게도, 우리가 그토록 소중히 여긴 주일학교가 한국 교회의 미래를 위협하는 독소가 되고 말았습니다.

첫째, 자녀의 신앙을 양육할 부모의 책임과 기능을 약화했습니다. 한국 교회의 다음세대가 몸과 마음으로 주님과 교회를 떠나는 가장 주요한 원인은 가정이 신앙 양육의 책임을 주일학교에 이양하도록 유도한 데 있습니다. 많은 부모는 좋은 학원에 가면 성적이 오르고 좋은 대학에 갈 수 있다는 익숙한 세상 공식으로 자녀의 신앙 양육 문제에 접근하게 되었습니다. 좋은 교회, 좋은 주일학교에 출석시키면 아이가 믿음의 사람으로 자랄 것이라고 생각하며 교회를 옮겨 다니기까지 합니다. 많은 부모는 아이들이 좋아하는지 싫어하는지를 기준 삼아, 그들의 기호와 선택에 따라 출석할 교회를 결정하기도 합니다. 많은 부모가 자신의 책임은 그저 아이들을 매주 교회학교에 데려다주고, 다시 집으로 데려가는 것이라고 생각합니다.

둘째, 교회는 주일학교가 다음세대 영적 양육의 중심에 놓이도록 강화하고 강조하면서, (전혀 의도치 않게) 다음세대 양육의 발목을 잡는 큰 실수를 하게 되었습니다. 주일학교의 '학교'라는 구조적 특성이 그 기관을 입양한 교회 공동체에 심각한 문제를 일으키고 있음을 간과해서는 안 됩니다. 주일학교는 신앙 공동체를 학교로 바꾸어버렸고, 다음세대를 신앙 공동체의 일원이 아닌 교회에서 운영하는 '학교 학생'으로 바꾸어놓았습니다. 하나님의 가족 공동체의 구조를 바꿔 '학교'로 만들면서 다음세대 신앙 교육이 달라져버렸습니다. 다음세대 양육의 목표도, 방법도, 과정도, 실제도 다 달라지고 말았습니다. 목사는 교장이 되고, 이들을 영적 성숙으로 이끌어야 할 교사는 공과를 가르치는 선생이 되었습니다. 교단과 기독교 출판사들은 앞다투어 아이들의 입맛과 눈높이에 맞는 교과과정을 만들었습니다. 하나님의 사람을 세우려는 목적은 성경 지식을 가르치는 목적으로 변하고 말았습니다.

아이 세대와 어른 세대는 예배부터 양육까지 다른 곳에서 다른 방식으로 이루어지도록 분리되었습니다. 아이들은 어른 중심의 신앙 공동체 주변부에서, 시간도 공간도 분리된 주일학교에서 자라났습니다. 어린이들은 교회 공동체의 영광과 다이내믹을 배우지 못한 채 자라고 있습니다. 아이들은 교회가 어떻게 돌아가는지 모릅니다. 교회의 어려움과 아픔과는 별 상관이 없는 주변인으로 자라고 있습니다. 그들은 예배의 다이내믹도 모릅니다. 교회 공동체가 얼마나 끈끈한 사랑의 공동체인지를 맛볼 기회도 박탈당합니다. 그들은 교회의 2등급 교인일 뿐입니다. 언젠가 교인이 될 잠재적 신자들일 뿐입니다. 그들은 일요일에 그저 다른 종류의 학교에 다니는 학생들일 뿐입니다. 교회 예산 수입에는 도움이 안 되고, 지출만 늘리는 존재일 뿐입니다. 아이들이 늘어났다고 크게 기뻐할 일도 아니고, 줄어들었다고 크게 근심할 일도 아니라고 여겨지는 것 같습니다. 그러니 주일학교 한 부서를 마치고 올라갈 때마다 많은 아이가 떨어져 나가는 것이 오히려 자연스러운 결과가 아닐까요?

신앙 공동체로!

존 웨스터호프 3세(John Westerhoff III)는 1960년대에 주일학교는 죽었다고 이미 선언했습니다. 우리는 주일학교가 다음세대 신앙 양육의 기능을 하지 못하는 것을 60여 년이 지난 오늘에야 깊이 공감하게 되었습니다. 존 웨스터호프는 다음세대에 우리의 믿음을 대물림하기 위해서는 아이들이 주일학교가 아닌 '신앙 공동체' 안에서 자라야 한다고 강조했습니다.[22]

예수님이 오시기 500년 전부터 그리스 사람들이 발전시킨 학교 시스템은 지중해 지역의 대표적 교육 기관으로 꽃피고 있었습니다. 그런데 왜 예수님은 그 효율성이 검증된 학교라는 교육 기관을 세우지도 활용하지도 않으셨을까요? 예수님은 그리스 사람들이 생각하듯 사람이 지식과 정보로 변화되는 존재가 아님을 아셨기 때문입니다. 사람은 다른 사람과 만나고 사랑의 공동체 속에 있을 때 변화된다는 것을 아셨기 때문입니다.

평생을 어린이 사역자로 살아오면서, 특히 지난 20여 년 동안 다음세대가 건강한 믿음으로 자라날 교육 생태계를 만드는 교육 목회를 해오면서 그것을 더 깊이 인식하게 되었습니다. 믿음이 가르쳐지는(taught) 것이 아니라 붙들리는(caught) 것

▶ 우리도 아이들을 공동체 한가운데 두고 보호하고 양육해야 합니다.

이라면, 주일학교는 붙잡을 믿음이 있는 영적 생태 환경으로 리모델링되어야 합니다.

　우리는 주일학교가 한 긍정적인 기여를 잊지 않아야 합니다. 그러나 전혀 의도치 않게, 전혀 예상치 못하게 주일학교가 아이들의 영적 성장에 거침돌이 되고, 몸과 마음으로 교회를 떠나게 만든 역기능에도 눈을 감지 말아야 합니다.

　교회를 학교로 만들지 말고, 하늘 가족 공동체로 만들어 가야 합니다. 교육과 목회, 다음세대와 장년, 교회와 가정, 세대와 세대를 분리하는 틀을 깨고, 통합의 틀로 거듭나야 합니다. 교회 안에서 모든 교육은 목회라는 과정을 통해 이루어져야 하고, 모든 목회는 한 사람을 그리스도의 장성한 분량으로 세우는 교육을 목표로 삼아야 합니다. 주일학교나 교육 부서만 감당하던 다음세대 교육의 책임을 온 공동체로 확장해야만 합니다.

남극의 황제펭귄 공동체를 생각해보십시오. 황제펭귄은 평균 영하 50도, 시속 40킬로미터의 강풍과 눈 폭풍 속에서도 다음세대를 키웁니다. 차디찬 얼음판 위에서 말입니다. 수백 수천 마리가 모여 한가운데 어린 새끼들을 세우고 그 주위로 공동체의 모든 성체 펭귄이 둘러싸서 계속 허들링(Huddling)을 하면서 보호하고 양육합니다. 우리도 그렇게 해야 합니다. 우리 아이들이 공동체의 중심에서 자라게 해야 합니다.

주일학교 구조의 환골탈태가 시급하다

그러면 지금의 주일학교는 어떻게 해야 하나요? 저출산의 영향으로 아이들이 빠른 속도로 줄어가고 있습니다. 교회가 힘을 잃어가고 있습니다. 주일학교가 살아남기는 점점 어려워지고 있습니다. 많은 교회는 주일학교가 없어지는 것을 다음세대 교육이 멈춰 서는 것으로 생각하고 손을 놓고 있습니다. 이를 어떻게 해야 할까요? 결론부터 말하자면, 주일학교의 본질적 기능을 살리기 위해 그 구조를 과감하게 리모델링해야만 합니다.

첫째, 현재의 학교 형태의 주일학교 구조는 없어질 수밖에 없고, 또 없어져야 합니다. 예를 들어, 유치부에 두 명, 초등부에 한 명, 청소년부에 한 명밖에 없는 교회라면 어떻게 전통적인 구조의 주일학교를 유지할 수 있겠습니까? 이미 한국 교회의 절반은 주일학교가 없어졌고, 그 상황은 더욱 심해질 것이라 예상됩니다.[23] 대형 교회가 아닌 한, 지금까지 유지해왔던 주일학교의 구조는 없애려고 하지 않아도 여러 시대적 상황에 밀려 없어지고 말 것입니다. 그리고 앞에서 말한 대로 주일학교는 그 구조가 갖는 역기능성 때문에 다음세대 신앙 교육을 담아내는 그릇이 되기에는 문제가 있습니다. 주일학교의 구조는 반드시 바뀌어야 합니다.

둘째, 그러나 주일학교가 수행했던 다음세대를 양육하는 기능은 결코 없어져서는 안 됩니다. 인간의 발달에는 단계가 있다는 발달주의 교육 이론은 교육학자들이 만들어낸 이론이 아닙니다. 그것은 하나님의 창조 질서입니다. 특별한 예외가 있을지라도 일반적으로 아이들의 발달은 비슷합니다. 그 나이가 되어야 걷고, 그 나이가 되어야 말을 배우기 시작합니다. 따라서 발달 단계에 따라 자라가도록 아이들의 눈높이에 맞춘 영적 양육은 교회에 반드시 필요합니다. 그러나 발달 단계에 따른 필요가 서로 다른 소수의 아이로 구성된 작은 신앙 공동체라면 어떻게 그 일을 할 수 있을까요?

학교 구조가 아닌 가족 구조로 바꾸어야 합니다. 본질적으로 교회는 하나님을 아버지로 모신 영적 가족입니다. 그러므로 다음세대 교육을 '주일학교' 안에 가두었던 고정 관념을 깨야 합니다. 다음세대를 양육할 책임을 주일학교의 한 부서나 한 전도사에게 미루는 것이 아니라, 온 공동체의 책임으로 끌어안아야 합니다.

저는 9남매나 되는 대가족에서 자랐습니다. 아버지와 어머니는 단 한 번도 유치부 과정, 청소년부 과정, 청년부 과정으로 우리를 구분하여 먹이거나 가르치거나 키우신 적이 없습니다. 큰형은 본을 보이고, 누나는 저를 업어주며, 형들은 제 공부를 도와주었습니다. 저는 어려서부터 집안일과 농사일을 도우며 자랐습니다. 한 가족 안에서 우리는 서로를 가르치고, 서로 배우며, 서로 돌보는 가장 확실한 양육을 받았습니다. 생각해보십시오. 우리가 살아가는 데 필요한 거의 모든 레슨은 학교가 아닌 가정에서 배웁니다. 숟가락과 젓가락을 잡는 법, 옷 입는 법, 인사하는 법, 말하는 법, 배변 후 뒤처리하는 법, 이 닦고 세수하는 법, 힘들어도 참는 법, 마음에 안 드는 사람을

▶ 아이들을 공동체 주변에 별도 그룹으로 떼어놓아서는 안 됩니다.

용서하는 법, 잘못을 인정하고 사과하는 법…. 모두 가정에서 배운 것입니다. 영적 양육도 다르지 않습니다. 하나님의 백성은 주일학교가 아닌, 하나님의 가정 안에서 자라야 합니다.

그러려면 우선 세대 통합적 신앙 공동체로 전환되어야 합니다. 아이들을 사일로(silo, 곡물이나 사료 등을 저장하는 원통형 탑 모양의 대형 저장고)처럼 공동체 주변에 별도 그룹으로 떼어놓지 말고, 황제펭귄 무리처럼 공동체 중앙에 놓아야 합니다. 세대가 통합된 공동체는 교회의 내일을 지켜나갈 믿음의 세대가 자라날 가장 좋은 영적인 생태 환경이 됩니다. 주일학교를 따로 유지할 수 있는 교회라도, 그 주일학교를 '학교'가 아닌 '영적 가족 공동체'로 변환해가야 합니다. 주일학교를 유지할 수 있는 교회가 아니라면, 너무 아쉬워하거나 슬퍼하지 마십시오. 오히려 작은 교회일수록 다음세대 양육에 더 유리할 수 있습니다. 가장 중요하고, 가장 실천하기 쉬운 일은 아이들과 공동체 예배를 드리는 것입니다. 예배는 원래 공동체적 사건입니다. 부모, 어른들과 함께 드리는 공동체 예배는 가장 다이내믹하고 가장 영향력이 큰 신앙 교육의 현장입니다. 아이들이 목사님 설교를 이해할 수 있을까요? 어려울 겁니다. 그러나 다 이해할 수는 없지만(어른들이라고 다 이해하나요?) 아이들도 느낄 수는 있습니다. 하나님의 임재, 은혜의 실체, 말씀에 대한 반응, 예배의 기쁨과 축복, 하나님 앞에서의 겸손과 경외의 태도 등 공동체 예배에 몸으로 참여하지 않으면 배울 수 없는 많은 영적 과목이 예배를 통해 제공됩니다. 신앙은 지식적 이해가 아닌 마음의 태도입니다. 아이들도 공동체 예배 안에서 하나님을 경외하는 마음의 태도를 배울 수 있습니다.

주일학교 기능을 지킬 사람을 세워야 한다

그러면 아이들의 눈높이에 맞는 성경 교육이나 영적 양육은 어떻게 해야 하나요? 전도사님이 없으니 다음세대 교육을 포기해야 할까요? 그럴 수는 없습니다. 이야기가 나온 김에 잠깐 전도사님 이야기를 하고 가겠습니다. 한국 교회는 교회를 섬겨오신 전도사님들의 헌신과 기여를 귀하게 여겨야 합니다. 그러나 안타깝게도 한국 교회는 이 소중한 자산을 제대로 활용하지 못하고 낭비했습니다. 귀한 복음을 위해 귀한 인생을 주께 드린 소중한 일꾼을 잘못 사용했습니다. 전도사님이 잘못 사용된 대표적인 일은 훈련도 받지 않고 준비되지 않은 그들에게 아이들의 영혼을 맡긴 것입니다. 신학교에 들어가면, 곧바로 호칭이 '전도사님'으로 바뀌고 다음세대 사역이 맡겨집니다. 마치 의과대학 입학생에게 어린 환자의 수술을 맡기는 것과 다르지 않습니다. 신학교에 입학한 것과 교육을 담당할 소명과 능력이 있는 것은 별개의 문제입니다. 어쨌든 긴 시간 숱한 시행착오를 겪으며 전도사님들은 영혼을 다루는 법과 사역을 감당할 능력도 기르게 됩니다. 그러다 준비가 되면 자기에게 주신 소명과 비전을 이루기 위해 교회를 떠납니다. 그들이 그렇게 서가는 동안 아이들은 수많은 전도사님의 실험 대상이 되어왔습니다. 전도사님은 얼마나 자주 바뀌는지요. 전도사님이 바뀌면 교육 철학도 바뀌고, 공과도 바뀌며, 교육 원리도 바뀝니다. 대부분 담임목사님은 출석 숫자를 챙기는 것 외에는 거의 모든 교육 활동을 전도사에게 맡깁니다. 이것은 위임이라는 명분으로 이뤄지는 방치입니다. 그렇게 하는 동안 한국 교회 교육은 '사람마다 제 소견에 옳은 대로 행하는' 교육적 사사 시대가 되어버렸습니다. 일관성과 지속성이 실종된 교육 환경에서 불안정한 양육을 받은 우리 아이들이 불안정한 신앙으로 인해 방황하는 것은 당연한 결과입니다. 그러므로 지금까지 해왔듯 전도사님을 고용하여 그들에게 공동체의 다음세대를 양육할 책임을 몰아주는 것은 대단히 비교육적이고 대단히 위험한 일이기도 합니다. 전도사님에게 어린 세대를 맡기는 일은 반드시 기본적인 훈련을 한 뒤에 교육디렉터나 교육목사의 감독하에 이루어져야 합니다.[24]

그러나 그나마도 전도사님을 모실 형편조차 되지 않는 교회가 점점 더 늘어가고 있습니다. 이런 경우는 어떻게 해야 하나요? 제가 한 가지 대안을 제안해도 될까요? 공동체 안에 있는 평신도(저는 이런 용어를 싫어하지만, 쉬운 이해를 위해 그냥 사용합니다)를 사역자로 발굴하고 훈련하여 그들에게 공동체의 다음세대 양육을 맡기는 것입니다.[25] 아이의 부모가 결혼하는 것도 보았고, 그 아이가 태어난 것을 같이 기뻐했으며, 그 아이가 아플 때 같이 마음 졸이며 기도해주었고, 아이들이 자라가는 것을 함께 지켜본 사랑의 눈을 가진 영적 엄마, 아빠들이 이 일을 맡아야 합니다. 주일학교 선생이 아닌 교회 엄마, 교회 아빠를 세워주어야 합니다. 하나님은 주님의 교회에 가르치는 은사를 받은 성도들과 다음세대의 믿음을 양육하는 일에 가슴이 뜨거운 성도들을 예비해두셨습니다. 이런 사람들이 제대로 훈련받고, 교회의 공식적인 위임을 받아 평신도 교육사가 되어 아이들을 돌봐야 합니다. 이것이 다음세대를 키워가는 더 현실적이고 효과적인 대안이라 생각됩니다. 엄마의 눈은 그 누구보다 아이의 필요와 문제를 잘 알고 있습니다. 그래서 각 아이의 상황에 따라 맞춤 양육을 할 수 있습니다. 이렇듯 공동체를 사랑하는 성도들이 공동체에 맡겨주신 아이들을 담당하여, 각 아이 눈높이에 맞추어 그들이 예수님을 만나고 사랑하며 그분께 순종하도록 양육할 수 있는 구조로 주일학교를 리모델링해야 합니다.

학교에서

한 사람이 자라가는 데는 다양하고 복잡한 환경적 요소가 작용합니다. 한 사람이 예수님의 제자로 자라가는 일도 그렇습니다. 저는 그것을 '영적 생태 환경'이라고 부르고 싶습니다. 크게는 세계적인 정치, 경제, 기후 상황에서부터 작게는

▶ 가정, 교회, 학교는 마치 삼발이 의자의 다리와 같아서 아이들에게 결정적인 영향을 줍니다.

우리 사회 전반에 영향을 미치는 대중 매체, 문화, 교육 시스템에 이르기까지, 우리 아이들이 예수님의 제자로 자라가는 영적 형성에 영향을 주는 모든 것이 영적인 생태 환경입니다. 그중 가장 직접적인 생태 환경은 가정과 교회 공동체와 학교입니다. 이 세 개의 기관은 마치 삼발이 의자에 달린 세 다리와 같아서 아이들에게 결정적인 영향을 줍니다. 어린이 사역은 이 세 기관과 떼려야 뗄 수 없는 관계 속에서 이루어진다는 사실을 잊지 않아야 합니다.

우리의 실수

장신대 박상진 교수는 하나님 나라 운동의 파트너가 되어야 할 교회와 학교 두 기관이 육지와 섬만큼이나 동떨어져 있는 현실을 지적합니다. 전통적으로 기독교 교육 사역은 교회 안의 사역으로 인식되었고, 전수되었으며, 전달되어왔습니다. 박상진 교수의 말대로, 한국 기독교 교육은 교회 교육의 포로가 되고 말았습니다.[26] 저의 다음세대 사역 역시 가정과 교회를 중심으로 한 사역임을 인정하지 않을 수 없습니다. 많은 어린이 사역자는 학교를 전도 밭 정도로 생각합니다. 하지만 그렇지 않습니다. 한참 모자라는 생각입니다. 아이들은 깨어 있는 시간 대부분을 학교에서 보냅니다. 그 시간 동안 아이들은 교육 내용과 교육 방법과 교사들과 친구들에게 엄청난 영향을 받으며 자랍니다. 그런데 우리는 학교라는 장을 제쳐둔 채 다음세대 사역을 해왔습니다. 다리 하나를 잃어버린 삼발이 의자에 앉은 꼴입니다. 우리의 사역이 불안정하고 비효과적일 수밖에 없었던 것을 깊이 반성하게 됩니다.

학교의 의미

학교는 인류가 개발한 가장 보편적인 교육 기관입니다. 우리가 다녔고 우리 아이들이 다니는 제도적인 학교의 뿌리는 그리스 문화입니다. 그리스의 알렉산더 대왕은 세상을 정복하면서 정복한 땅의 모든 백성에게 그리스 말을 가르치고 그들을 그리스 문화에 동화시키기 위해 학교를 세웠습니다. 예수님이 이 땅에 오셨을 때 학교는 이미 가장 일반적인 교육 기관으로 꽃피고 있었습니다.

하나님은 모든 것의 주인이십니다. 학교에서 교육하는 내용은 하나님의 창조 세계에 관한 것입니다. 가르치는 교사도 하나님이 만드신 사람입니다. 교사와 학생 사이의 상호 작용 속에는 하나님의 형상이 전제되어 있습니다. 그리고 그 사이에서 인류가 세상을 다스리고 정복할 원천적 지식과 기술이 전수됩니다. 학교는 인류가 그 유산을 후대에 물려주는 통로이기도 합니다. 학교는 하나님의 일반 은총 영역에 속한 교육 기관입니다.

아이들은 가정에서도 교회에서도 배울 수 없는 일반 은총에 속한 진리를 학교에서 배우고 훈련합니다. 학교는 우리 아이들이 세상에 나가 살도록 준비시키는 훈련장입니다. 그곳에서 우리 아이들은 육체적, 지성적, 정서적, 사회적, 도덕적으로 무장되어 건강한 사회를 이룰 준비를 합니다. 학교는 소중한 곳입니다. 이상적으로는 그렇습니다.

학교의 실상

그러나 대부분 사람은 학교를 그렇게 인식하는 것 같지 않습니다. 실상이 너무도 다르기 때문입니다. 학교 교육은 근원적으로 하나님의 일반 계시와 일반 은총을 기초로 세워집니다만, 학교 교육은 그 기초가 되시는 하나님을 제거해버렸습니다. 하나님을 제거한 사상을 세속주의라고 부릅니다. 학교는 인간에 의한, 인간을 위한, 인간의 기관이 되어버렸습니다. 이것을 세속적 인본주의(humanism)라고 부릅니다.

세상이 삼켜버린 학교의 모습을 살펴볼까요?

세상이 삼켜버림

일반 학교 교육은 하나님을 인정하지 않습니다. 그들은 철저하게 하나님이 제거된 교육 목표와 내용을 그러한 교육 방법으로 가르치며 아이들의 의식에 세속화된 가치와 세계관을 새겨넣고 있습니다. 아이들은 교회에서 주일에 한 시간여 동안 하나님이 살아 계시며, 예수님이 온 세상을 다스리시는 왕이라는 말씀을 배웁니다. 그러나 월요일부터 금요일까지 그 많은 시간을 보내는 학교에서는 하나님이 의도적이고 지속적이며 반복적으로 삭제된 교육을 받습니다. 종교 중립적인 교육이라는 명분 때문에 학교 수업 시간에 예수님 이야기를 하는 것은 엄격히 금지됩니다. 1962년 존 F. 케네디(John F. Kennedy) 시절, 미국 대법원은 공립학교에서 성경을 가르치거나 주기도문으로 기도하는 등의 '종교 활동'을 금지하는 판결을 내렸습니다.[27] 종교와 신앙의 자유라는 미명 아래 내린 판결이었지만, 그것이 오늘날 미국 사회를 급속도로 세속화시키고 타락하게 만든 분수령이 되었습니다.

한국에서도 이러한 상황은 별로 다르지 않습니다. 크리스천 교사가 생물 시간에 하나님의 창조를 가르친다면 곧바로 '종교 강요'로 학부모의 거센 비난을 받거나, 교육 당국이 교사에게 법적인 책임을 물을 것입니다. 심지어 미션스쿨의 채플 의무 참석 조항이 학생의 종교 자유를 침해한다며 법정에 호소하는 일까지 벌어졌습니다.[28] 교과 과정을 기획한 사람, 교과서를 집필한 사람, 교과서로 가르치는 교사 각자가 자신의 개인적인 가치관과 세계관이 잡탕처럼 뒤섞인 교육을 하고 있는 판인데, 과연 교육에 '중립성'이 가능하기나 할까요? 어쨌든 가슴이 아픈 것은 아이들이 학교에서 하나님 없어도 사는, 하나님이 필요 없는 세속적 가치와 세계관으로 훈련받고 있다는 것입니다.

입시가 삼켜버림

특별히 한국 상황에서 입시는 학교 교육을 삼켜버렸습니다. 학생들이 진리를 탐구하고, 자아를 실현함으로 홍익인간이 된다는 이상은 낡은 구호에도 끼지 못합니다. 더 높은 점수를 얻어야 더 좋은 대학을 가고, 더 좋은 대학을 가야 입신양명을 이룰 수 있는 조선 과거제의 원리가 지금까지 살아남아 한국 교육을 먹어 치우고 있습니다. 학교는 입시의 신(神)이 다스리고 있는 종교 기관 같습니다. 한국에서 가장 큰 종교는 대학교(大學敎)라는 우스갯말이 있을 정도입니다. 입시가 교육을 삼켜버린 학교가 된 것입니다. 성적순으로 실력이 입증되고, 그것이 자신의 가치가 되기에 학생들은 서로를 적으로 여기는 무한 경쟁에 지쳐 있습니다. 교육열로 포장된 부모들의 앞세우기 열심은 공교육을 무너뜨리고 사교육을 번성케 함으로 가정 경제까지 위협하고 있습니다. 입시 중심 교육 때문에 학생도, 교사도, 부모도, 사회도 다 고통당하고 있습니다.[29] 교육으로 사람을 꽃피워 행복한 인생, 행복한 사회를 이루어야 하는데, 오히려 교육이 지옥이자 고통이 되는 이 현실이 너무나 슬프고 안타깝습니다.

영적 전쟁터

그래서 선각자들은 기독교적 가치와 세계관을 위해 그리고 하나님에 의한, 하나님을 위한, 하나님의 사람을 세우기 위해 기독교 학교를 세웠습니다. 1885년 아펜젤러(Appenzeller)와 언더우드(Underwood)는 이 땅에 하나님의 나라를 실현할 지도자들을 세우기 위해 배재학당과 경신학당을 세웠습니다. 우리나라 개화기에 세워진 이 기독교 학교들은 우리 사회의 개혁과 독립을 주도하는 하나님 나라의 기관이었습니다. 그러나 1974년 학교 교육 평준화라는 이름으로 기독교 학교들이 정부 보조금을 받으면서부터 학생 선발권과 교육 편성권을 정부에 넘겨주게 되었습니다. 많은 기독교 학교는 설립 이념만 남고, 일주일에 한 번 채플 시간과 종교 교육 시간의 형식만 남았을 뿐, 일반 학교와 별다를 것 없는 교육 기관이 되고 말았습니다. 한마디로 우리의 다음세대는 학교 때문에 고통당하고 있습니다.

대안

바른 신앙을 대물림할 수 있는 교육, 하나님의 나라를 이어갈 다음세대를 키우는 일에 대한 비전과 열정을 가진 사람들은 대안을 찾아 나섰습니다. 일주일에 한 시간가량 이루어지는 함량 절대 미달의 주일학교로는 답이 없고 일반 학교는 세상과 입시가 삼켜버렸으니, 뭔가 기독교적 대안이 필요하다고 확신했기 때문입니다. 그래서 2004년 이후 기독교 대안학교 운동이 우후죽순처럼 번져나갔습니다. 그러나 그러한 이상적인 시작과는 달리 정부 비인가 기독교 대안학교들은 고전하고 있습니다. 학교 운영비 전체를 오로지 학부모가 감당해야 하는 재정적 부담 때문에 학생 모집이 쉽지 않습니다. 또한 부모들이 입시에 대한 염려와 세속적 압력을 견디지 못하고 중도에 대안학교를 포기하기 때문에 어려움을 겪기도 합니다. 앞으로 참된 기독교 대안학교가 더 많이 세워져야 합니다. 이미 세워진 기독교 대안학교를 교회 차원에서 지원해야 합니다.

그러면 돈도 힘도 없는 어린이 사역자들은 할 일이 없을까요? 아닙니다. 학교를 끌어안고 학교가 하나님의 통치 아래 서도록 우리가 할 수 있는 대안적 사역을 찾아야 합니다.

첫째, 학생들을 학교의 선교사로 무장시켜야 합니다. 우리 크리스천들은 언제, 어디서나 자신의 정체성을 잊지 않고 살아야 합니다. 우리는 세상에 살지만(in the world), 세상에 속한 사람이 아니며(not of the world), 하나님의 축복으로 세상을 축복하기 위해(for the world) 세상에 남아 있습니다. 어렸을 때부터 이러한 영적 정체성을 바로 세워주고, 삶의 목표와 삶의 원리가 분명한 크리스천으로 우리 아이들을 무장시켜야 합니다. 자신이 하나님 백성이라는 의식이 기준과 필터로 장착되어야만 학교를 지배하는 세속적 가치의 포로가 되지 않습니다.

둘째, 교사들을 위해 우리가 할 수 있고 해야 할 일이 있습니다. 교회 안에는 교사라는 직업을 가진 성도가 있습니다. 이들은 월급을 받는 직장인 이상의 의미로 학교에 있습니다. 하나님이 그분을 배척하고 삭제하는 교육 현장에 그들을 선교사로 보내셨음을 알게 해주어야 합니다. 물론 그들이 교회에서 청소년 설교를 하듯 아이들에게 복음을 가르칠 수는 없습니다. 그러나 노골적으로 성경 해설이나 복음 제시를 하지 않더라도, 그가 가르치는 교과 내용을 크리스천 세계관의 줄로 꿰어 가르칠 수는 있습니다.

예수님이 교사의 옷을 입으셨다면 이루어질 교육을 추구하기 위해, 경쟁주의, 개인주의, 획일주의가 특징인 학교 문화에 굴종하지 않는 교사들로 무장시켜야 합니다.[30] 그러면 그리스도로 옷 입은(롬 13:14) 성품과 태도와 관계를 통해 아이들에게 그리스도의 임재를 보여줄 수 있습니다. 성품으로 말하고 사랑으로 말하는 복음을 배척할 어떤 제도도 없습니다. 성경은 이렇게 말합니다.

> 오직 성령의 열매는 사랑과 희락과 화평과 오래 참음과 자비와 양선과 충성과 온유와 절제니 이 같은 것을 금지할 법이 없느니라. _갈라디아서 5:22-23

셋째, 부모들을 바른 크리스천 학부모로 세워야 합니다. 진정 학교를 하나님의 나라로 바꾸려면 무엇보다 부모의 의식을 바로 세워야 합니다. 그들을 크리스천 학부모로 세워야 합니다. 어떤 부모는 크리스천이긴 한데, 학부모답지 못합니다. 반대로 어떤 부모는 아이의 학업과 성적에 인생이 걸린 것처럼 열심을 내는 학부모이기는 하지만, 그 동기나 방법은 크리스천답지 못합니다. 부모가 예수님의 눈으로 아이를 보고, 학업을 보며, 입시를 보면서 아이를 하나님 나라 일꾼으로 세우도록 이끌어주어야 합니다.[31]

마지막으로, 학교가 하나님의 나라로 회복되도록 제도를 개혁하는 일에 힘을 모아야 합니다. 우선 기도로 시작하십시오. 매일 영적 전투장이 된 학교를 다스려주시길 기도하고, 공교육이 회복되도록 기도하며, 대안학교가 진정한 대안이 되도록 기도해야 합니다. 그리고 학교를 황폐하게 하고, 학생과 부모를 입시 지옥으로 몰아넣으며, 교육을 고통과 저주로 만드는 입시 제도 등이 개선되고 개혁되도록 도전하고 저항하며 노력해야 합니다. 그렇게 법과 제도를 바꿀 정치가와 교육감을 뽑아야 합니다. 교육 갱신을 위해 일하는 대정부 활동 기관들을 지원하고 격려하여 교육이 제도적으로 바뀌게 해야 합니다.

우리나라의 반상 제도나 미국의 노예 제도를 폐지하는 것은 당시 사람들 눈에 불가능해 보이지 않았을까요? 그러나 변화되어야 하고 변화될 수 있다고 믿는 소수의 사람이 집요하고 지속적으로 노력하여 결국 열매를 맺었습니다. 우리도 하나님의 통치가 학교에 이루어지도록 기도하면서 학교와 아이들을 반성경적이고 반교육적인 입시 중심주의 교육에서 해방하기 위해 노력해야 합니다.

제6장

어린이 사역자,
그는 누구^{who}인가?

_사역자 자신

어린이 사역자의 영광

하나님 자녀로서의 영광

어린이 사역자가 자신을 누구라고 정의하느냐는 자신의 사역뿐 아니라, 사역의 대상인 어린이들에게 큰 차이를 만들어냅니다. 우리에 대한 정의와 가치는 우리가 한 일, 우리가 이룬 일, 우리가 가진 것들로 결정되지 않습니다. 하나님의 자녀인 우리는 하나님과의 관계로 정의됩니다. 하나님은 우리를 그분의 사랑하시고 기뻐하시는 자녀로 정의하십니다. 어린이 사역자가 잊지 말아야 할 첫째 정체성은 '하나님의 자녀'라는 것입니다. 우리의 가치는 하나님이 우리를 자녀로 얻으시기 위해 지불하신 대가로 결정됩니다. 우리는 하나님 보시기에 예수님만큼 비싼 존재입니다. 우리는 예수님 보시기에 자신의 생명만큼 비싼 존재입니다.

> 영접하는 자 곧 그 이름을 믿는 자들에게는 하나님의 자녀가 되는 권세를 주셨으니 이는 혈통으로나 육정으로나 사람의 뜻으로 나지 아니하고 오직 하나님께로부터 난 자들이니라. _요한복음 1:12-13

너의 하나님 여호와가 너의 가운데에 계시니 그는 구원을 베푸실 전능자이시라 그가 너로 말미암아 기쁨을 이기지 못하시며 너를 잠잠히 사랑하시며 너로 말미암아 즐거이 부르며 기뻐하시리라 하리라. _스바냐 3:17

우리 안에 계신 예수님 때문에 하나님은 우리를 이렇게 보고 계십니다.

내 사랑하는 아들이요 내 기뻐하는 자라. _마태복음 3:17b

어린이들에게 이 영광스러운 복음을 심어야 할 사역자인 우리는, 하나님의 정의에 따라 나를 정의하는 성도의 영광을 날마다 기뻐하며 살아야 합니다. 아이들 눈에 그것이 확실하게 보여야 합니다. 그래야 그들도 하나님의 자녀 됨이 얼마나 영광스러운 정체성인지를 이해하고 받아들일 수 있습니다.

사역자로서의 영광

우리는 예수님으로부터 가장 소중한 일을 위탁받은 예수님의 제자이며 동역자입니다. 우리 사역의 영광을 모른다면 우리는 부릴 사(使) 부릴 역(役) 자의 사역자가 될 수 없습니다. 오히려 우리가 부름받은 사역의 영광도 가리고, 우리에게 맡겨진 사람들에게 축복이 되지도 못하며, 우리 자신도 교회 일의 노무자가 됩니다. 우리가 일 사(事) 부릴 역(役) 자의 사역자가 된다면 얼마나 불행한 일인가요.

세상에 크고 중요한 일이 엄청 많은 것처럼 보이기는 합니다. 그러나 우리는 적어도 세 가지 영원한 일에 직접적으로 관계되어 있습니다. 영원하신 성 삼위 하나님, 영원한 사람의 영혼, 영원한 그분의 말씀. 우리는 하나님의 말씀으로 사람의 영원을 다르게 만들 하나님의 일꾼으로 부름받았습니다. 우리에게 맡겨진 이 일보다 더 의미 있고 영광스러운 일이 어디 있겠습니까?

어린이 사역자로서의 영광

하나님의 말씀으로 하나님의 사람을 세우는 일은 영광스러운 일입니다. 어린이 사역은 더욱 그러합니다. 하나님의 말씀으로 어린이를 예수님께 붙여놓을 때 그 아이의 한평생이, 그 아이가 이룰 가정이, 그 아이가 확장해나갈 하나님 나라가, 그 아이가 변혁할 사회가 하나님의 영광으로 빛날 것을 상상해보십시오.

오랜 날을 어린이 사역자로 살아오면서 저는 열등감과 피로감에 찌든 패잔병 같은 어린이 사역자의 모습을 종종 보아왔습니다. 저는 이들을 일으켜 세울 노래가 필요하다고 느꼈습니다. 사기가 꺾인 군사들에게 다시 일어나 적진을 향해 돌격하도록 고취하는 군가 같은 노래 말이죠. 그래서 2014년에 다음세대를 위해 애쓰는 이들에게 소망과 비전을 다시 일깨워 줄 노래를 만들었습니다. 그들이 얼마나 중요한 사람인지, 얼마나 중요한 사람들과 함께 얼마나 중요한 일을 하는지를 되새겨주고 싶었습니다. 잠시 책 맨 뒤 페이지를 펼쳐보세요. 악보 옆의 QR 코드로 노래를 재생하여 함께 불러본 뒤 이어갈까요?

내일을 보리

나를 사랑하느냐 내 양을 먹이라
아이들이 내게 옴을 금하지 말라
한 영혼 한 생명이 우리의 내일

나를 사랑하느냐 내 양을 먹이라

나를 믿고 맡겨주신 주님의 보배
한 영혼 한 생명이 우리의 내일

예수님의 사랑으로 가슴에 품고
예수님의 말씀 위에 굳게 세우면
주님 영광 밝게 빛날 내일을 보리
주님 나라 온 땅 덮을 새날을 보리

어린이 사역자의 동기

1983년 여름, 저는 부활하신 예수님이 제자들에게 나타나셨던 갈릴리 호숫가의 베드로 수위권 교회(멘사 크리스티, Mensa Christi)를 찾았습니다. 호수 주변에는 하트 모양으로 깎아놓은 큰 바윗돌 세 개가 놓여 있었습니다. 저는 그 바윗돌에 걸터앉아 베드로에게 하셨던 예수님의 말씀(요한복음 21장)을 묵상했습니다. 그날 저는 제 삶을 어린이 사역을 위해 드리겠다고 주께 약속했습니다. 그날 그 바윗돌 위에서 주께서 제 마음에 새겨주신 두 가지 동기가 있습니다. 이 동기는 저의 어린이 사역을 계속해서 발전시키고 확장해나갈 엔진을 돌릴 점화 플러그가 되었습니다. 어린이 사역자의 결정적인 동기는 예수님을 향한 사랑과 어린이를 향한 사랑입니다.

> 그들이 조반 먹은 후에 예수께서 시몬 베드로에게 이르시되 요한의 아들 시몬아 네가 이 사람들보다 나를 더 사랑하느냐 하시니 이르되 주님 그러하나이다 내가 주님을 사랑하는 줄 주님께서 아시나이다 이르시되 내 어린 양을 먹이라 하시고 또 두 번째 이르시되 요한의 아들 시몬아 네가 나를 사랑하느냐 하시니 이르되 주님 그러하나이다 내가 주님을 사랑하는 줄 주님께서 아시나이다 이르시되 내 양을 치라 하시고 세 번째 이르시되 요한의 아들 시몬아 네가 나를 사랑하느냐 하시니 주께서 세 번째 네가 나를 사랑하느냐 하시므로 베드로가 근심하여 이르되 주님 모든 것을 아시오매 내가 주님을 사랑하는 줄을 주님께서 아시나이다 예수께서 이르시되 내 양을 먹이라. _요한복음 21:15-17

예수님 사랑

어린이 사역자는 '리더 양'입니다. 어린이 사역자는 목자이신 예수님과 그분의 어린 양 떼 사이에 서 있습니다. 앞에 서

▶ 리더 양으로서 양들의 진정한 목자가 되시는 예수님을 사랑하지 않고서는 그분의 양 떼를 이끌 수 없습니다.

신 예수님을 따르며, 뒤따르는 어린 양들을 이끄는 리더 양으로서 어린이 사역자가 펼치는 사역의 질은 목자와 양 두 편을 얼마나 사랑하는지로 결정됩니다. 가장 우선적이고 근원적인 동기는 예수님을 향한 사랑입니다.

　예수님은 부활하신 후 갈릴리 바닷가에서 주님의 양 떼를 이끌 제자들을 만나셨습니다. 손수 아침을 차려주신 예수님은 베드로에게 세 번이나 확인하셨습니다. "요한의 아들 시몬아 네가 나를 사랑하느냐?" 그리고 세 번이나 부탁하셨습니다. "내 양을 먹이라." 이것은 주님을 사랑하는 것과 주님의 양을 먹이는 일이 직접적으로 연결되어 있음을 보여줍니다. 리더

양으로서 양들의 진정한 목자가 되시는 예수님을 사랑하지 않고는 그분의 양 떼를 이끌 수 없다는 의미입니다. 예수님을 향한 최고의 사랑, 그것은 어린이 사역자의 동기이고, 동력이며, 의미이고, 이유입니다. 이것은 어린이 사역자가 집중해야 할 사역의 초점이자, 사역의 핵심 내용이기도 합니다.

저는 어린이 사역자를 과일나무 묘목을 키우는 양묘업자에 비유합니다. 우리의 사역은 당장 열매를 볼 수 있는 사역이 아닙니다. 그렇지만 훗날 누군가가 많은 열매를 수확하도록 좋은 나무를 키워내는 일이지요. 당장 진보나 보상이 보이지 않기에 지치기 쉽고, 또 쉽게 포기하기 쉬운 사역이기도 합니다. 그러나 예수님을 향한 사랑은 맡을 일을 능히 감당할 힘을 줍니다. 마치 야곱이 라헬을 사랑했기 때문에 7년간 고생스러운 머슴살이를 며칠처럼 여기며 감당했듯이 말입니다.

예수님의 양들 사랑

예수님을 사랑한다면, 당연히 예수님의 양들을 사랑해야 합니다. 아이들은 단지 우리 교회 아이들, 우리 부서의 학생들일 뿐만 아니라 우리를 믿고 맡겨주신 주님의 양입니다. 그들을 지으신 이가 예수님이십니다. 자신의 생명으로 그들을 구원하신 이가 예수님이십니다. 그들 속에 사시면서 그들을 작은 예수로 세워가시는 이가 예수님이십니다. 우리를 그분과 아이들 사이에 세우신 이가 예수님이십니다. 단지 성경 지식이나 교리적인 정보를 가르쳐주라고 그 사이에 세우신 것이 아닙니다. 아이들이 우리를 통해 주님의 사랑을 보고 느끼면서 주님을 따라오게 하기 위함입니다. 바울이 말했습니다.

> 내가 사람의 방언과 천사의 말을 할지라도 사랑이 없으면 소리 나는 구리와 울리는 꽹과리가 되고 내가 예언하는 능력이 있어 모든 비밀과 모든 지식을 알고 또 산을 옮길 만한 모든 믿음이 있을지라도 사랑이 없으면 내가 아무것도 아니요 내가 내게 있는 모든 것으로 구제하고 또 내 몸을 불사르게 내줄지라도 사랑이 없으면 내게 아무 유익이 없느니라. _고린도전서 13:1-3

주님을 향한 사랑 때문에, 그 어떤 것도 주님의 양들을 사랑으로 돌보는 사역자를 가로막을 수 없습니다.

어린이 사역자의 동력

성령

벌새(hummingbird)는 몸길이가 6센티미터밖에 되지 않습니다. 현존하는 가장 작은 새라고 합니다. 벌새는 새들 가운데서도 가장 고단하고 힘들게 살아갑니다. 긴 부리를 대롱처럼 꽃에 꽂고 꿀을 빨기 위해 정지비행(停止飛行)을 하며 살아야 하기 때문입니다. 1초에 50-70번에 이르는 날갯짓을 해야 하니 얼마나 피곤하겠습니까.

많은 사역자가 벌새처럼 일합니다. 그들은 피곤합니다. 저도 사역을 시작한 처음 20여 년간 벌새처럼 아등바등 사역하며 종종 피곤과 불안, 분노와 좌절을 경험했습니다. 그러면서도 주님을 위하여 십자가를 지는 것이라고 스스로 최면을 걸어 위로했습니다.

하지만 결코 그렇지 않습니다. 하나님은 노예로 부리려고 우리를 구원하신 것이 아닙니다. 우리는 십자가에서 그 아들과 위대한 교환을 통해 사신 바 된 하나님의 귀한 자녀들입니다. 자녀들이 기쁨도, 보람도, 의미도 없이 날마다 일에 치여 사는 것은 결코 아버지의 뜻이 아닙니다. 예수님은 벌새처럼 아등바

등 살거나 일하지 않으셨습니다. 사도 바울도 그랬습니다. 하나님은 우리도 그러기를 바라십니다. 벌새처럼 일하는 것은 부릴 사(使) 부릴 역(役) 자의 사역이 아닙니다. 죽을 사(死) 전염병 역(疫) 자의 사역입니다. 그렇게 하면 나도, 남도, 하나님의 계획도 다 병들게 하고 맙니다.

우리가 부모든, 주일학교 교사든, 아니면 사역자든 간에 크리스천 사역은 그리스도를 위한(for) 사역일 뿐 아니라 그리스도와 함께(with) 하는 사역이고, 그리스도가 내 안에서(in) 나를 통해(through) 이루시는 사역입니다. 그러므로 크리스천 사역은 벌새처럼 내 힘을 다해 아등바등하며 수행하는 것이 아닙니다.32 예수님이 좋은 모범을 보여주셨습니다.

오순절에 성령의 충만을 받은 베드로는 제자들을 조롱하는 유대인들에게 설교하면서, 우리가 가볍게 지나치면 안 되는 중요한 증언을 합니다.

> 이스라엘 사람들아 이 말을 들으라 너희도 아는 바와 같이 하나님께서 나사렛 예수로 큰 권능과 기사와 표적을 너희 가운데서 베푸사 너희 앞에서 그를 증언하셨느니라. _사도행전 2:22

베드로는 예수님의 공생애 기간에 그분의 삶과 사역을 가장 가까이에서 관찰하고 훈련받은 제자였습니다. 그래서 그의 증언은 어느 누구의 증언보다 더 큰 무게를 갖습니다. 베드로는 예수님이 이 땅에서 행하셨던 큰 권능과 기사와 표적이 예수님이 하신 일이라고 말하지 않습니다. 그 행위의 주체가 하나님(하나님'께서')이셨다고 증언합니다. 그러면 예수님은 무엇을 하신 건가요? 하나님이 권능과 기사와 표적을 베푸시는 통로(나사렛 예수'로')가 되셨다고 말합니다. 베드로는 하나님을 주격으로, 예수님을 도구격으로 명확하게 구별하여 증언하고 있습니다. 예수님이 하나님의 뜻을 이루시되, 기쁨과 평안과 확신으로 하실 수 있었던 이유가 이 때문입니다. 예수님은 하나님을 위하여, 하나님과 함께, 하나님이 자신 안에서 자신을 통해 일하시는 사역을 하셨습니다.

이 사역의 원리는 베드로가 처음으로 깨달은 것이 아닙니다. 예수님이 이 땅에 계시는 동안 자주 이 원리를 말씀하셨습니다. 요한복음에만도 여러 번 나옵니다.

> 내가 아무것도 스스로 할 수 없노라. _요한복음 5:30a

이에 예수께서 이르시되 너희가 인자를 든 후에 내가 그인

줄을 알고 또 내가 스스로 아무것도 하지 아니하고 오직 아버지께서 가르치신 대로 이런 것을 말하는 줄도 알리라. _요한복음 8:28

예수께서 이르시되 하나님이 너희 아버지였으면 너희가 나를 사랑하였으리니 이는 내가 하나님께로부터 나와서 왔음이라 저는 스스로 온 것이 아니요 아버지께서 나를 보내신 것이니라. _요한복음 8:42

내가 내 자의로 말한 것이 아니요 나를 보내신 아버지께서 내가 말할 것과 이를 것을 친히 명령하여 주셨으니. _요한복음 12:49

나를 사랑하지 아니하는 자는 내 말을 지키지 아니하나니 너희가 듣는 말은 내 말이 아니요 나를 보내신 아버지의 말씀이니라. _요한복음 14:24

예수님이 그리하셨다면, 우리야 더 말할 것도 없습니다. 그래서 예수님은 우리에게 명령하셨습니다.

내 안에 거하라 나도 너희 안에 거하리라 가지가 포도나무에 붙어 있지 아니하면 스스로 열매를 맺을 수 없음같이 너희도 내 안에 있지 아니하면 그러하리라 나는 포도나무요 너희는 가지라 그가 내 안에, 내가 그 안에 거하면 사람이 열매를 많이 맺나니 나를 떠나서는 너희가 아무것도 할 수 없음이라. _요한복음 15:4-5

오직 성령이 너희에게 임하시면 너희가 권능을 받고 예루살렘과 온 유대와 사마리아와 땅끝까지 이르러 내 증인이 되리라 하시니라. _사도행전 1:8

예수께서 나아와 말씀하여 이르시되 하늘과 땅의 모든 권세를 내게 주셨으니 그러므로 너희는 가서 모든 민족을 제자로 삼아 아버지와 아들과 성령의 이름으로 세례를 베풀고 내가 너희에게 분부한 모든 것을 가르쳐 지키게 하라 볼지어다 내가 세상 끝날까지 너희와 항상 함께 있으리라 하시니라. _마태복음 28:18-20

초자연적인 사역은 초자연적인 능력으로만 성취할 수 있습니다. 초대교회 사역자들이 그것을 증명합니다.

빌기를 다하매 모인 곳이 진동하더니 무리가 다 성령이 충만하여 담대히 하나님의 말씀을 전하니라. _사도행전 4:31

바울도 자기 안에 살아 계신 예수님을 신뢰함으로 일했습니다.

그러므로 내가 그리스도 예수 안에서 하나님의 일에 대하여 자랑하는 것이 있거니와 그리스도께서 이방인들을 순종하게 하기 위하여 나를 통하여 역사하신 것 외에는 내가 감히 말하지 아니하노라 그 일은 말과 행위로 표적과 기사의 능력으로 성령의 능력으로 이루어졌으며 그리하여 내가 예루살렘으로부터 두루 행하여 일루리곤까지 그리스도의 복음을 편만하게 전하였노라. _로마서 15:17-19

우리가 그를 전파하여 각 사람을 권하고 모든 지혜로 각 사람을 가르침은 각 사람을 그리스도 안에서 완전한 자로 세우려 함이니 이를 위하여 나도 내 속에서 능력으로 역사하시는 이의 역사를 따라 힘을 다하여 수고하노라. _골로새서 1:28-29

불신자들이 짓는 가장 큰 죄는 그 마음에서 하나님을 삭제하는 것입니다. 그들은 자신의 생각과 삶에서 하나님을 삭제함으로 벌새처럼 아등바등 살아갑니다. 그러나 하나님의 백성이 짓는 가장 큰 죄는 육적인 삶을 사는 것입니다. 육적인 삶이란 자기를 위하여, 자기 마음대로, 자기 힘으로 사는 것입니다. 어린이 사역자로서 우리는 우리 자신을 위해서뿐 아니라, 우리에게 맡겨주신 어린 세대를 위해서도 크리스쳔의 삶의 그림을 바꾸어야 합니다. 벌새는 우리가 보여주어야 할 모습이 아닙니다. 벌새는 아이들에게 보여줄 하나님 백성의 그림이 아닙니다.

우리가 그들 마음에 그려주어야 할 바른 그림은 앨버트로스(albatross)입니다.[33] 앨버트로스는 90센티미터에 이르는 몸길이에, 활짝 편 날개의 길이가 3.5미터에 이르는, 현존하는 가장 큰 새입니다. 뿐만 아니라 가장 높이, 가장 멀리 나는 새이기도 하지요. 그들의 비행 구간은 북극과 남극 사이니까요. 앨버트로스는 또한 가장 오래 사는 새로도 알려져 있습니다. 평균 수명이 40-50년인데 85살까지도 산다고 합니다.

가장 높이, 가장 멀리, 가장 오래 나는, 가장 큰 새가 어떻게 가장 오래 살 수 있는 것일까요? 그것은 비행에 필요한 에너지의 98퍼센트를 바람에서 얻고, 나머지 2퍼센트만 날갯짓

▶ 앨버트로스가 바람의 힘으로 사는 것같이, 우리도 성령의 능력을 의지하며 사역해야 합니다.

으로 얻는 '역동적 활상(滑翔)과 활강(滑降)'(Dynamic Soaring and Gliding)이라는 비행 원리 때문이랍니다. 그들은 거센 폭풍 속으로 날개를 펴 폭풍의 힘으로 높이높이 솟아오른 다음, 바람이 잦아들면 미끄러지듯 먼 거리까지 활강하는 방식으로 비행합니다. 이 동작을 통해 날개를 펄럭이지 않고 1,000킬로미터를 이동한다고 합니다.34 그래서 중국 사람들은 이 새의 이름을 '믿을 신', '하늘 천', '늙은이 옹'을 붙여 신천옹(信天翁)이라고 멋지게 번역했습니다.

앨버트로스 같은 삶을 살아야 합니다. 앨버트로스가 바람의 힘으로 사는 것같이, 우리도 성령의 능력을 의지하며 사역해야 합니다. 그래야만 다음세대에게 성령으로 사는 법, 앨버트로스 같은 삶을 가르쳐줄 수 있습니다.

말씀

모세가 기록한 신명기는 세 편의 설교로 구성되어 있습니다. 첫째 설교를 두 단어로 요약하면 '기억'과 '망각'입니다. 하나님과 하나님이 과거에 행하신 일을 기억하고 망각하지 말라는 것입니다. 둘째 설교를 두 단어로 요약하면 '순종'과 '불순종'입니다. 오늘 하나님의 말씀에 바로 순종하고 불순종하지 말라는 것입니다. 셋째 설교를 두 단어로 요약하면 '축복'과 '저주'입니다. 말씀을 듣고 오늘 어떤 선택을 하느냐에 따라 그들의 미래가 축복일지 저주일지가 결정되는 것입니다. 각 단어를 연결하면 신명기의 메시지가 분명히 요약됩니다. "너희가 하나님과 하나님이 과거에 행하신 일을 기억하고 오늘 순종하면, 너희의 미래는 축복으로 가득 찰 것이다. 그러나 하나님과 과거에 하나님이 행하신 일을 잊어버리고 오늘 순종하지 않는다면, 너희의 미래는 저주로 치닫게 될 것이다."

모세가 우리에게 부탁하는 것은 단 한마디입니다. "하나님 말씀을 붙잡아라. 하나님 말씀 위에 삶을 세워라. 인생과 가문과 교회를 하나님 말씀 위에 세울 세대를 키워내라." 성경은 이렇게 말합니다.

> 하나님의 말씀은 살아 있고 활력이 있어 좌우에 날선 어떤 검보다도 예리하여 혼과 영과 및 관절과 골수를 찔러 쪼개기까지 하며 또 마음의 생각과 뜻을 판단하나니. _히브리서 4:12

"하나님의 말씀이 살아 있는"(God's word is living) 것은 그 말씀을 하신 하나님이 지금도 살아 계시기 때문입니다. 그분이 살아 계시기에 그 말씀은 우리를 살게 만듭니다(make us living). 예수님은 빛이 있으라고 말씀하시자 빛이 생겼던 창세기 1장의 하나님이십니다. 예수님이 나사로 무덤 앞에서 말씀하셨습니다. "나사로야, 나오너라!" 그 말씀 한마디에 죽은 지 4일이나 되어 부패된 시신, 나사로가 살아나 무덤 밖으로 나왔습니다. 하나님 말씀에 부딪히기만 하면 살아납니다. 우리의 영혼도 살아나고, 삶도 살아납니다.

우리의 문제는 무엇일까요? 주일학교가 생명력을 잃은 채 점점 더 작고 시시한 학교로 전락해가는 이유는 무엇일까요? 말씀을 제쳐놓는 잘못을 저질렀기 때문입니다. 교회 교육은 말씀을 점점 더 제쳐두고, 아이들을 재미있게 해주기 위한 엔터테인먼트에 집중하고 있습니다. 그렇게 해서 우리가 얻은 명예는 '시시한 주일학교'뿐입니다. 말씀을 제쳐두면 우리 존재뿐 아니라 우리 사역도 시시해집니다. 아이들이 말씀을 붙들게 하려면, 그런 교육을 세워가려면, 가장 먼저 어린이 사역자인 우리가 말씀을 붙들고 사는 것을 시범으로 보여주어야 합니다.

하나님의 말씀을 붙드는 방법은 무엇일까요? 쉽게 기억하기 위해 몸으로 경험해보겠습니다. 왼 손바닥이 위로 가도록 쫙 벌리고 새끼손가락 위에 성경을 올려놓아 보십시오. 손가락 하나 위에 얹은 성경은 얼마나 불안정합니까. 이것은 하나님의 말씀을 듣기만 하는 행위와 같습니다. 주일마다 교회에 와서 하나님의 말씀을 듣는 것은 중요합니다. 그러나 듣기만 한다면 말씀은 언제라도 원수에게 빼앗길 수 있습니다. 주일에 한 번 듣는 말씀만으로는 하나님이 의도하신 삶을 살 수 없습니다. 그러므로 자신의 눈과 마음으로 말씀을 읽어야 합니다.

이제는 약손가락과 새끼손가락, 이 두 손가락 위에 성경을 올려놓아 보십시오. 하나님의 말씀을 자기 눈으로 읽어야 합니다. 조금씩이라도 매일매일 하나님의 말씀을 읽는 일을 반복해야 합니다. 그러나 여전히 듣는 것과 읽는 것만으로는 안정감이 없습니다.

다음으로 새끼손가락과 약손가락과 가운뎃손가락, 이 세 손가락 위에 성경을 올려놓으십시오. 이것은 하나님의 말씀을 공부하는 것입니다. 말씀을 정확히 이해하고 분석하고 적용해야 합니다. 그러나 아직도 성경은 당신의 세 손가락 위에서 불안정하게 흔들립니다.

이제 새끼손가락, 약손가락, 가운뎃손가락뿐 아니라 집게손가락 위에 성경을 올려놓아 보십시오. 집게손가락은 성경을 암송하는 것을 의미합니다. 성경을 암송하면 빼앗기지 않습니다. 당신에게 의미 있게 와닿은 구절이나, 소중한 하나님의 약속들을 외우기 시작하십시오. 그러나 여전히 성경은 네 손가락 위에 불안정하게 놓여 있습니다.

마지막으로 네 손가락 위에 놓인 성경의 위쪽을 엄지로 꾹 눌러 붙잡아보십시오. 이것은 묵상을 뜻합니다. 말씀을 듣든, 읽든, 공부하든, 외우든 그 말씀을 묵상해야 말씀이 가슴속 깊이 박힙니다. 내 것으로 소화되고 개인화됩니다. 이제는 안정감이 느껴지시나요?

마지막 한 가지가 더 남았습니다. 성경책의 등을 손바닥에 단단히 밀착시킨 다음 다섯 손가락으로 잡아보십시오. 성경책을 다섯 손가락으로만 쥐고 손바닥으로 감싸지 않으면 누군가가 낚아챌 때 빼앗길 수밖에 없습니다. 손바닥이란 하나님 말씀에 순종하는 것입니다. 들은 말씀에 순종하고, 읽은 말씀에 순종하며, 공부한 말씀에 순종하고, 외운 말씀에 순종하며, 묵상한 말씀에 순종하면 말씀을 꽉 붙들 수 있습니다. 누구도 빼앗아 갈 수 없습니다.

우리가 하나님 말씀을 붙들면 하나님 말씀이 우리를 붙듭니다. 어린이들이 정말 멋진 삶을 살도록 축복하고 싶습니까? 그들이 아직 어릴 때 말씀을 붙드는 법을 가르쳐주어야 합니다. 당신의 모본과 간증으로 말이지요.[35]

기도

큰 바다를 항해하는 배의 밑바닥에는 평형수(平衡水, ballast water)를 채우는 아주 중요한 칸이 있습니다. 평형수란 배의 무게 중심을 바닥에 있게 해주어 배가 한쪽으로 기울었다가도 제자리로 돌아오는 복원력을 제공하는 물이지요. 배의 안전을 담보하는 생명수라고 할 수 있습니다. 크리스천은 세상이라는 바다를 가로지르는 항해 중에 있는 사람들입니다. 어린이 사역자는 더더구나 무거운 짐을 실은 배와 같습니다. 안팎의 많은 무거운 짐을 싣고 끊임없는 도전과 유혹의 바다 위를 항해하기 위해 우리가 점검해야 할 중요한 포인트는 평형수입니다.

크리스천 사역자로서 우리 삶을 지탱해주는 본질적인 평형수는 말씀과 기도입니다. 이것은 예수님께도 마찬가지였습니다. 그래서 예수님은 끊임없이 아버지 하나님의 말씀을 들으셨고, 끊임없이 아버지께 기도하셨던 것입니다. 제자들은 예수님의 능력 있는 삶이 그 기도에서 나오는 것임을 알았습니다. 제자들은 어느 날 예수님께 부탁드렸습니다. "저희에게도 기도 좀 가르쳐주십시오." 그래서 예수님이 제자들에게 가르쳐주신 기도가 '주기도'입니다. 주님이 하신 기도가 아니라, 주님이 제자들에게 가르쳐주신 기도입니다.

그러나 많은 성도에게 주기도는 너무 많이 빨아 입어서 줄어들고 색이 바랜 스웨터같이 되어버렸습니다. '예배가 끝납니다'를 표시하는 기도로 여겨질 뿐입니다. 아닙니다. 주기도는 지난 40년 동안 제 삶과 사역의 평형을 잡아준 평형수였습니다. 저는 30초 동안도 기도할 수 있고, 30분 동안도, 3시간 동안도 기도할 수 있습니다. 어떻게 하냐고요? 예수님이 가르쳐주신 기도를 날줄로 삼고, 오늘 여기 내 삶의 필요와 상황을 씨줄로 삼아 기도의 카펫을 짜나가는 것입니다. 직물의 크기나 생김새나 강도는 날줄에 의해 결정됩니다. 그러나 직물의 색깔이나 질감은 씨줄에 의해 결정되지요. 그렇듯 주기도를 내 기도의 기본 골격으로 삼고, 그 골격 위에 내 실제적인 상황을 걸어 기도를 엮어가면 우리는 주님과 나누는 교제의 깊이를 개발해갈 수 있습니다.36 주기도를 날줄로 삼아 기도하면 기도가 자라게 되고, 기도가 자라면 인격도 영성도 자라게 됩니다. 아이들이 평생 기도로 사는 법을 가르치려면, 내가 먼저 매일 기도로 사는 삶을 배워야 합니다.

어린이 사역자의 상급

자신이 자란다

어린이 사역자는 자신의 사역을 통해 성장해가는 축복을 누릴 수 있습니다. 아니, 그 축복을 누려야 합니다. 누군가를 '가르친다'는 것은 큰 축복입니다. 가르치면서 오히려 배우기 때문입니다. 히브리어에서 '가르치다'와 '배우다'는 같은 단어 라마드(למד)를 사용합니다.37 누군가를 가르치기 위해서는 먼저 배워야 하고, 배운 만큼 잘 가르칠 수 있습니다.

아메리카 인디언은 농사를 지을수록 땅이 비옥해지는 방

식으로 농사를 지었다고 합니다. 우리도 그렇게 해야 합니다. 어린이 사역을 통해 축복을 받는 1번지 대상자는 어린이가 아닌 우리 자신이 되어야 합니다. 남을 자라게 하려고 그 많은 노력을 쏟으면서 정작 자신은 성장이 멈춘 상태에 있다면 얼마나 안타까운 일입니까? 사도 바울이 한 말이 생각납니다.

> 내가 내 몸을 쳐 복종하게 함은 내가 남에게 전파한 후에 자신이 도리어 버림을 당할까 두려워함이로다. _**고린도전서 9:27**

프로제리아(progeria)라는 병이 있습니다. 8살짜리 아이가 80살 노인처럼 빨리 늙는 병으로 조로증(早老症)이라고도 합니다. 원인도 치료도 모르는 슬픈 병입니다. 그 부모의 아픔을 우리가 감히 짐작이나 하겠습니까? 만일 하나님이 나를 보시며 그런 아픔을 느끼신다면 어떻겠습니까? 영적으로 자라지 못하는 것은 그저 안타까운 일만이 아닙니다.

어린이 사역자로서 우리가 자라지 못하는 것은 범죄입니다. 자라지 못하면 단지 자신이 누릴 큰 축복을 낭비하는 것에서 끝나지 않습니다. 어린이들에게 자라가는 성도의 모습을 삶 전체로 가르쳐야 할 우리의 사역을 실패하게 합니다. 우

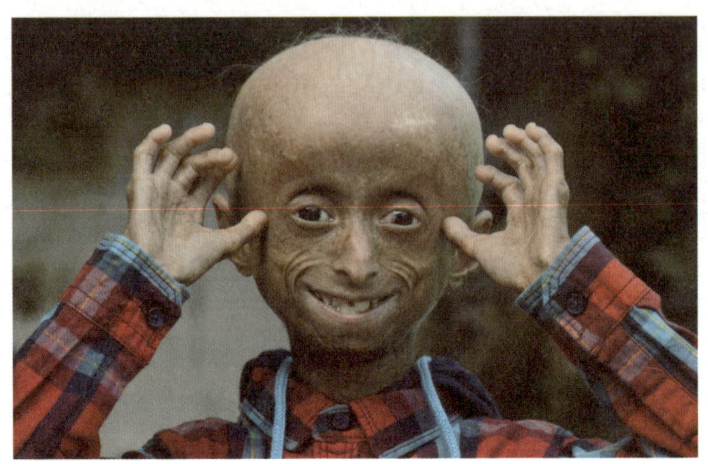
▶ 어제보다는 오늘이, 지난주보다는 이번 주가, 지난해보다는 이번 해가 확연하게 다른 모습으로 자라가야 합니다.

리를 부르시고 세우신 하나님의 놀라운 계획을 수포로 돌아가게 하는 것입니다. 프로제리아 병에 걸린 아이의 부모가 갈망하는 가장 큰 소원은 "자라다오, 제발"입니다. 우리 어린이 사역자들을 향한 하나님의 가장 큰 소원도 같습니다. "자라다오, 제발."

하나님은 우리가 어떻게 자라갈 수 있는지를 가르쳐주십니다.

오직 우리 주 곧 구주 예수 그리스도의 은혜와 그를 아는 지식에서 자라가라 영광이 이제와 영원한 날까지 그에게 있

을지어다. _베드로후서 3:18

중요한 것은 계속 자라가는 것입니다. C. S. 루이스(C. S. Lewis)의 말을 명심할 필요가 있습니다.[38]

계란이 새로 변하는 것은 어려울지도 모른다. 계란이 계란인 채로 나는 법을 배우는 것은 조금 더 어려울지도 모른다. 우리는 지금 계란과 같다. 그리고 당신은 그냥 계속 평범하고 상하지 않은 계란으로 있을 수는 없다. 우리는 부화하거나 상할 수밖에 없다.

크리스천에게 영적인 중립 상태, 정지 상태란 없습니다. 자라거나 썩거나 둘 중 하나입니다. 베드로 사도가 우리에게 자라가라고 말할 때 이 동사는 현재형으로 기록되었습니다. 그리스어에서 현재형은 동작의 시점이 아니라 동작의 성격, 즉 어떤 상태가 계속 진행되고 있는 것을 의미합니다. 과거에 시작된 동작이 지금도 계속되고, 앞으로도 계속될 때 현재형을 씁니다. 계속해서 자라가야 합니다. 어제보다는 오늘이, 지난주보다는 이번 주가, 지난해보다는 이번 해가 확연하게 다른 모습으로 자라가야 합니다. 그것이 어린이 사역자로서 우리가 누려야 할 가장 중요하고 큰 보상입니다.

교회의 내일을 지킨다

어린이 사역자의 또 다른 상급은 하나님의 교회의 내일을 이어나가는 주님의 도구로 쓰임받는 것입니다. 코로나19를 통과하면서 한국 교회의 주일학교 교육은 급격히 그 체력이 떨어졌습니다. 우리의 다음세대가 과연 한국 교회의 내일을 이어갈 수 있을까 염려스럽습니다. 지금은 위기가 틀림없습니다. 그러나 너무 절망할 필요는 없습니다.

위기란 위험과 기회 두 단어의 합성어라고 하지요? 제가 이 '위기'라고 쓰인 단어를 '기회'라고 읽는 것은 이 글을 읽고 있는 당신이 있기 때문입니다. 지금은 어린이 사역자로서 우리가 한국 교회의 내일을 이어갈 알곡을 키울 기회입니다. 당신 한 사람의 헌신이 얼마나 큰 변화를 가져올 수 있는지 확신을 주기 위해, 이스라엘이 겪었던 역사의 위기 한 페이지를 소개하겠습니다. 저는 이 이야기에서 강력한 도전과 비전을 받았습니다. 이 이야기는 제가 쓴 『크리스천 티칭』(디모데)에도 실려 있습니다.[39]

A. D. 70년 이스라엘의 형편은 폭풍 앞에 놓인 등불 같았

습니다. 예루살렘이 로마 군대에 의해 함락되고, 성전은 불타 소실되는 민족 최대의 위기를 맞습니다. 바로 그 직전, 꺼져가는 민족의 등불을 지켜낸 위대한 말씀 사역자의 이야기가 펼쳐집니다. 예루살렘 성문 밖에는 로마군이 성을 에워싸고 예루살렘의 유대인들이 항복하고 나오기를 기다리고 있었습니다. 성문 안쪽에는 최후의 한 사람까지 로마와 싸우다 죽어야 한다는 강경파 유대인들이 진을 치고 있었습니다. 성문 출입이 봉쇄된 예루살렘 성 안의 유대인들은 로마에 항복하고 어쨌든 살아남아야 한다는 비둘기파와, 최후의 한 사람까지 죽음으로 맞서 싸워야 한다는 열심당 중심의 매파로 나뉘어 갈등하고 있었습니다. 이때 양쪽 그룹으로부터 존경받던 랍비 요하난 벤 자카이(Johanan ben Zakai)는 이렇게 민족이 멸절되는 것은 하나님의 뜻이 아니라고 생각했습니다. 민족의 내일을 이어갈 방법을 궁리하고 궁리하다가 로마와 협상하기로 결심합니다.

그러나 예루살렘을 장악한 매파의 감시 때문에 성을 빠져나갈 방법이 없었습니다. 그는 흑사병에 걸린 것처럼 위장하여 많은 문병객이 와서 보고 가게 했습니다. 그리고 며칠 후 그가 죽었다는 소문이 예루살렘에 돌았습니다. 제자들은 그를 관에 담아 메고 자기들의 랍비를 매장하기 위해 성문 밖으로 나가 로마군 사령관 앞으로 갔습니다. 자카이는 관에서 나와 로마군 사령관 베스파시아누스(Vespasianus) 앞으로 나갔습니다. 벤 자카이는 사령관의 눈을 의미 있게 응시하며 말했습니다.

"저는 장군께 로마 황제에게 표하는 경의를 보냅니다."

베스파시아누스는 언성을 높이며 황제 폐하를 모독한다고 화를 냈습니다. 벤 자카이는 조금도 흔들림 없이 말을 이었습니다.

"아닙니다. 장군은 반드시 로마의 황제가 되십니다."

확신에 찬 랍비의 말에 장군은 얼른 입을 막았습니다.

"그런 이야기는 그만둡시다. 날 찾아온 목적이 뭔지 말해 보시오."

벤 자카이는 말했습니다.

"이제 곧 성전은 파괴될 것입니다. 그리고 당신은 황제가 될 것입니다. 모든 것을 당신 처분대로 하실 것인데, 소원 하나만 들어주시기 바랍니다. 예루살렘의 모든 것을 다 불태우고 파괴하더라도 욥바 근처 야브네에 랍비 열 명이 기거하며 율법을 연구할 작은 집 하나만 남겨주십시오."

베스파시아누스는 대단치 않은 요구라고 생각하고 요청을 수락했습니다. 그 사실을 알게 된 예루살렘의 유대인들은 벤 자카이를 민족의 배신자로 규탄했습니다. 그러나 로마 황제 네로가 죽자 벤 자카이의 예언대로 베스파시아누스가 황제가 되었습니다. 그는 벤 자카이와 한 약속을 지켰습니다.

벤 자카이는 동료 랍비 열 명과 함께 그 작은 집에 기거하며 율법 학교를 개설하여 토라를 가르쳐 소수의 랍비를 키웠습니다. 그들을 유럽 각지로 흩어진 유대인 마을에 보내 회당을 세우고 토라와 탈무드를 가르치게 했습니다. 그리고 이것은 패망한 유대인들이 생존할 수 있는 구심점이 되었습니다.

그는 하나님의 영원한 말씀에 목숨을 걸었습니다. 민족의 영원한 미래에 목숨을 걸었습니다. 하나님 말씀으로 민족을 세우려는 열정에 목숨을 걸었습니다. 한 랍비의 목숨을 건 헌신 덕분에 유대 민족은 2천 년 동안 뿔뿔이 흩어져 유랑하면서도 민족의 스토리를 유지하며 지금도 세계 역사의 중심축에 서서 건재한 것입니다.

예루살렘을 멸망시킨 로마는 박물관의 유물로나 볼 수 있고, 베스파시아누스의 권세도 몇 줄 기록으로 끝났습니다. 하지만 한 사람, 교사 벤 자카이의 영향은 지금까지도 이어져와 한 민족을 이끌고 있습니다. 로마의 군사력과 칼의 잔인함보다 더 강한 것은 하나님 말씀과 그 말씀으로 민족을 세우려는 한 교사의 헌신이었습니다. 야브네의 그 작은 학교는 한 민족과 역사를 보존한 큰 학교였습니다.

우리가 하나님의 말씀으로 한 아이 한 아이를 예수님과

연결하는 일을 한다면, 한국 교회는 다시 하나님의 영광을 드러낼 주체로 굳게 서는 미래를 맞이할 것입니다. 우리는 한국 교회의 내일이 달린 중대한 일에 부름받았습니다. 주께서 그 일에 우리를 쓰시길 원하십니다.

세상을 바꾼다

저의 왼손 약지에는 합치면 3센티미터가 넘는 흉터가 있습니다. 초등학교 5학년 때인가 입은 상처인데, 볼 때마다 그때의 기억이 생생하게 되살아납니다.

어느 날 아버지는 묵직한 조선낫 한 자루, 작은 왜낫 한 자루 그리고 새까만 토종 새끼 돼지 한 마리를 사 오셨습니다. 저의 임무는 날마다 왜낫으로 풀을 베어 돼지를 먹이는 것이었습니다. 그런데 아버지의 권위 있는 낫이 제 어린 마음에 꽂혔습니다. 언젠가는 아버지의 육중한 조선낫을 사용해보리라는 모험심이 부풀어 올랐습니다. 아버지의 조선낫은 얼마나 크고 무거운지 한 번 내리찍으면 팔뚝 굵기만 한 오리나무도 단번에 쓰러질 정도였습니다.

어느 날 드디어 기회가 찾아왔습니다. 저는 아버지의 낫을 풀 바구니에 넣어 집을 빠져나왔습니다. 그 무거운 낫으로 풀을 베기 시작했습니다. 어른용 낫을 쓰니 나도 어른이 된 것처럼 우쭐한 마음이 들었습니다. 그러나 조선낫의 용도는 풀을 베는 것이 아니라, 나무를 찍는 것입니다. 도끼로 찍기에는 가늘고 보통 낫으로 찍기에는 굵은 관목들을 베기 위한 것입니다. 새것이어서 그런지 처음 몇 번은 풀이 잘 베였습니다. 그러나 낫이 워낙 무거운 데다 손목의 힘이 빠지면서 풀이 베이는 대신 뽑히기 시작했습니다. 뿌리에 붙어 있는 흙을 잘라내기 위해 왼손으로 풀을 한 움큼 잡고 오른손에 쥔 낫으로 내려쳤습니다. 내려치면 흙이 묻은 뿌리가 툭 잘렸습니다. 그런데 얼마 안 지나 한두 번 내려쳐도 흙덩이는 잘리지 않고 덜렁덜렁 매달려 있었습니다. 약이 오른 저는 있는 힘을 다해 내려쳤습니다. 그런데 낫의 각도가 어긋나는 바람에 풀뿐만 아니라 그것을 쥔 약지손가락 끝까지 베어버렸습니다. 끝이 조금 붙어 있는 손끝으로 뼈가 보이고 붉은 피가 솟구쳐 올랐습니다. 큰형이 읍내 약방에서 페니실린을 사서 계속 주사를 놓아주니 상태가 많이 좋아졌습니다. 시간이 지나자 손끝이 새카맣게 변하더니 조금씩 들려 올라갔습니다. 쓰레기통 뚜껑처럼 위로 들린 끄트머리는 어딘가에 걸릴 때마다 나를 괴롭혔습니다. 그래서 저는 하루에도 몇 번씩 '오늘은 이 거추장스러운 것을 확 뽑아버리고 말겠다'고 결심했습니다. 그러나 그것은 생각만 해도 고통스러운 일이었습니다. 그래서 시도하고 포기하기를 여러 번 반복했습니다.

그러나 어느 날부터 저는 썩은 손끝에 주목하지 않게 되었습니다. 새까맣게 썩은 손끝 밑으로 뽀얀 새살이 올라오는 것이 보였기 때문입니다. 그때부터 저는 손끝의 새살이 잘 자라게 할 방법만 생각했습니다. 날이 가면서 놀라운 일이 일어났습니다. 새 손끝이 올라오는 것에 비례하여 옛 손끝이 밀려 올라갔습니다. 어느 날 아침, 변소에서 바지를 추켜올리는데 더 이상 걸리는 게 없었습니다. 지독한 골칫거리였던 썩은 손끝이 어디론가 떨어져 보이지 않았습니다.

손가락의 상처는 어린이 사역자로서의 제 소명과 비전의 리마인더가 되었습니다. 제 가문을 새롭게 하고, 제가 심긴 세상을 새롭게 하며, 제가 숨 쉬는 시대를 새롭게 하기 위해 무엇을 해야 하는지 그 상처를 통해 늘 기억하게 됩니다. 확 뽑아버리고 싶은 썩은 현실, 잘라내고 싶은 고통스러운 세상 일, 뒤집어엎어야 할 것 같은 모순된 현실은 언제나 우리 곁에 있습니다. 그러나 저는 뽑고 자르고 뒤집는 것보다 세상을 바꾸는 더 좋은 방법을 이 손가락을 통해 배웠습니다. 새 손끝을 키우는 것입니다. 아이들을 우리의 세상을 바꿀 작은 영웅들로 세우는 것입니다. 저는 그 일을 위해 부름받았습니다. 저는 온 세상을 하나님의 영광으로 채울 세대를 세우겠다는 목표를 바라보고 달려왔습니다. 모양새가 반듯하고, 맛이 확실하며, 색깔이 선명한 믿음의 세대를 오늘 세우는 일만이 내일의 역사를 바로 세우기 위해 제가 할 일이라고 믿으면서 말입니다.

천국의 상급이 기다린다

그러나 아직 제가 기다리는 상급의 때는 이르지 않았습니다. 어린이 사역자로서 우리가 받을 진정한 보상, 어느 것과도 비할 수 없는 우리의 영광과 상급은 이 땅에서 주어지는 것이 아닙니다.

제가 젊은 날 선교사 훈련을 받을 때, 선교사로 여러 해를 보내셨던 애즈베리 신학교(Asbury Theological Seminary)의 선교학 교수님이 들려준 이야기를 나누겠습니다. 이 이야기는 어린이 사역자로서 때로 실망하고, 때로 좌절하며, 때로 패배감을 느끼고, 때로 허탈감을 느낄 때마다 제게 다시 일어날 힘을 줍니다.

선교사 헨리 모리스는 아프리카에서 40년 동안 충성스럽게 주님을 섬긴 후 미국으로 돌아가는 배에 올랐습니다. 그런데 그 배에는 아프리카에서 사냥 여행을 마치고 돌아가던 루스벨트 대통령도 타고 있었습니다. 배가 뉴욕 항구에 도착했을 때, 수백 명의 사람이 나와 대통령을 맞이했습니다. 악대가 연주하고, 환영 플래카드가 걸렸으며, 대통령에게 꽃다발을 선물하고, 군중은 환호했습니다. 그러나 헨리 모리스를 맞으러 온 사람은 단 한 명도 없었습니다. 선교사의 마음에 하나님을 향한 섭섭함이 솟구쳐 올랐습니다.

"멀쩡하게 뛰어다니는 들짐승을 죽이고 돌아온 저 사람을 환영하기 위해서는 악대가 연주하고, 꽃다발을 안겨주고, 카메라 플래시가 터지고, 수백 명이 나와 환호하며 환영하는데…. 40년간 젊음을 다 바쳐 죽을 영혼을 살려내고 돌아오는 저희를 위해서는 '수고했습니다' 말하며 손잡아주는 이가 하나도 없군요. 이것이 공평합니까?"

그러자 헨리의 아내가 그의 어깨에 손을 대고 이렇게 속삭였답니다. "헨리, 우린 아직 집에 도착하지 않았잖아요."

우리의 선배 사역자, 우리의 모델 사역자인 바울 사도도 그것을 믿었습니다. 우리도 그래야 합니다.

나는 선한 싸움을 싸우고 나의 달려갈 길을 마치고 믿음을 지켰으니 이제 후로는 나를 위하여 의의 면류관이 예비되었으므로 주 곧 의로우신 재판장이 그날에 내게 주실 것이며 내게만 아니라 주의 나타나심을 사모하는 모든 자에게

도니라. _디모데후서 4:7-8

지혜 있는 자는 궁창의 빛과 같이 빛날 것이오 많은 사람을 옳은 데로 돌아오게 한 자는 별과 같이 영원토록 빛나리라. _다니엘 12:3

제7장 | 어린이 사역,
어떻게^{how} 해야 하는가?
_사역의 과정

한 목표

　　기생(寄生)이란 한 생명체가 스스로 살아내지 못하고 다른 생명체를 숙주(宿主)로 삼아 의지하여 사는 것을 말합니다. 기생충도 있고, 기생 식물도 있고, 심지어는 기생 인생도 있습니다. 그러나 이 단어와 결합하기에 가장 민망한 것이 있습니다. 기생 믿음입니다. 부모의 믿음이나 교사의 믿음에 의존하여 겨우 살아 있는 믿음을 말합니다. 우리의 사역 목표는 하나입니다. 아이들이 자기의 믿음으로 예수님을 붙들고 살아가는 독립적인 제자가 되도록 세우는 일이지요.

　　유다의 8대 왕 요아스를 떠올려보십시오. 요아스의 생애는 2부로 이루어진 드라마처럼 느껴집니다. 제1부는 믿음이 살아 있는 요아스, 제2부는 믿음이 죽어버린 요아스라고 제목을 붙이면 어울릴 것 같습니다. 두 부분을 가르는 분수령은 요아스의 영적 숙주였던 여호야다의 죽음이었습니다. 생명의 은인이자 멘토였던 대제사장 여호야다가 살아 있는 동안 요아스는 믿음의 사람처럼 행동했습니다. 성경은 그가 그때에는 여호와 보시기에 정직히 행하였다고까지 기록합니다(왕하 12:2). 그가 성전을 수리하는 열심을 보면 믿음이 깊어 보입니다. 그러나 여호야다가 죽자 그는 하나님도 버리고, 하나님의 성전도 버리고 우상을 섬깁니다. 여호야다의 아들 스가랴가 이를 책망하자 그를 죽여버렸습니다. 결국 그는 아람군대의 침입을 막다 전장에서 부상을 입었고, 부하에게 살해당했으며, 불명예스럽게도 국립묘지에 안장되지도 못했습니다. 성경은 이렇게 기록합니다.

> 제사장 여호야다가 세상에 사는 모든 날에 요아스가 여호와 보시기에 정직하게 행하였으며…여호야다가 죽은 후에 유다 방백들이 와서 왕에게 절하매 왕이 그들의 말을 듣고 그의 조상들의 하나님 여호와의 전을 버리고 아세라 목상과 우상을 섬겼으므로 그 죄로 말미암아 진노가 유다와 예루살렘에 임하니라. _역대하 24:2, 17-18

요아스의 믿음은 하나님이 아니라 후견인 여호야다에 뿌리를 내린 기생 믿음이었습니다. 제 발로 서지 못한 믿음, 제 뿌리로 서지 못한 믿음, 더부살이 믿음은 숙주가 쓰러질 때 동시에 쓰러집니다. 저는 요아스의 삶이 우리 어린이 사역자들에게 큰 경종을 울리기 위해 기록되었다고 믿습니다.

"제 발로 서게 하라."

부모든 교사든 모든 어린이 사역자의 본질적 책임과 역할

▶ 모든 어린이 사역자의 본질적 책임과 역할은 숙주가 아닌 버팀목이
되는 것입니다.

은 숙주가 아닌 버팀목이 되는 것입니다. 아이들이 독립적인 신앙으로 예수님을 따르는 제자로 설 때, 우리는 제대로 사역했다고 말할 수 있습니다.

두 장비

모든 일에는 그 일을 효과적으로 이루어낼 도구나 장비가 필요합니다. 어린이 사역도 다르지 않습니다. 어린이 사역을 위해서도 이런저런 장비가 많이 필요합니다. 그러나 결정적이고 절대적인 두 장비는 사랑과 말씀입니다.

사랑

사도 바울이 사람들을 그리스도의 제자로 세우기 위해 사용했던 가장 중요한 장비는 사랑이었습니다. 그는 이렇게 고백합니다.

> 그리스도 안에서 일만 스승이 있으되 아버지는 많지 아니하니 그리스도 예수 안에서 내가 복음으로써 너희를 낳았음이라. _고린도전서 4:15

바울은 디모데를 '내 제자' 혹은 '내 학생'이라고 부르지 않았습니다. "아들" 혹은 "참 아들"이라고 불렀습니다(고전 4:17, 딤전 1:2, 18, 딤후 1:2). 디모데를 세운 것은 바울 사도의 가슴에 끓는 아버지의 사랑이었습니다. 우리도 그러해야 합니다.

문제는 그 사랑의 종류입니다. 세상은 사랑할 만한 이유가 있는 사람을, 사랑스러운 사람을, 사랑할 가치가 있는 사람을 사랑합니다. 그래서 세상 모든 사람은 정도의 차이가 있을 뿐 사랑을 받지 못하게 될까 봐 불안해합니다. 가치 없는 사람이 될까 봐, 버림받는 사람이 될까 봐, 단물 빠진 껌처럼 될까 봐, 온기가 식어버린 찬밥처럼 될까 봐 두려워하는 거지요. 그러나 하나님의 사랑은 종류가 다릅니다. 사랑스럽지도 않고, 사랑할 만하지도 않으며, 사랑할 가치가 없는 우리를 사랑하심으로써 우리에게 새로운 가치를 창출하신 전혀 다른 종류의 사랑입니다.

다음세대를 하나님의 세대로 세우기 위해 부름받은 우리가 가르쳐주어야 할 복음은, 다름 아닌 하나님이 보이신 다른 종류의 사랑 이야기입니다. 하나님의 사랑은 무조건적인 사랑이며, 희생적인 사랑이며, 가치를 창출하는 사랑입니다. 이 다른 종류의 사랑은 우리가 전달할 메시지의 내용일 뿐 아니라, 우리가 그 이야기를 전달하는 방식이자 태도여야 합니다. 요한은 우리에게 가장 강력한 기독교 교육의 원리 하나를 제시합니다. "네가 하나님께 받은 것과 같은 종류의 사랑으로 다른 사람을 사랑해라."

> 사랑하는 자들아 하나님이 이같이 우리를 사랑하셨은즉 우리도 서로 사랑하는 것이 마땅하도다. _요한일서 4:11

하나님이 우리를 사랑하신 사랑과 같은 종류의 사랑으로

전달해야 합니다. 그래야 아이들이 그 다른 종류의 사랑을 이해하고 받아들이며, 그들 속에 새로운 가치가 창출됩니다. 그래서 예수님은 그분의 양 떼를 먹이도록 부탁하시기 전에 세 번이나 그 사랑을 확인하셨던 것입니다. "네가 나를 사랑하느냐? 내 양을 먹이라."

말씀

그러면 아버지 같은 사랑으로 오냐오냐 품어주기만 하면 될까요? 아닙니다. 사랑의 품에 안을 뿐만 아니라, 젖을 먹이는 엄마처럼 말씀으로 먹여야 합니다. 바울이 그 모범을 보여주었습니다.

> 우리는 그리스도의 사도로서 마땅히 권위를 주장할 수 있으나 도리어 너희 가운데서 유순한 자가 되어 유모가 자기 자녀를 기름과 같이 하였으니. _데살로니가전서 2:7

젖이란, 우유든 모유든 모두 엄마의 몸 안에서 완전히 소화된 음식입니다. 아직 소화력이 약한 아기에게 스테이크를 먹일 수는 없습니다. 어린이 사역자인 우리도 그렇게 해야 합니다. 내 영혼과 인격을 통과한 말씀, 내 믿음과 삶의 무게가 실린 말씀을 먹여야 합니다.

> 모든 성경은 하나님의 감동으로 된 것으로 교훈과 책망과 바르게 함과 의로 교육하기에 유익하니 이는 하나님의 사람으로 온전하게 하며 모든 선한 일을 행할 능력을 갖추게 하려 함이라. _디모데후서 3:16-17

하나님의 말씀 없이는 결코 하나님의 사람이 세워질 수 없습니다. 기독교 교육의 기초는 하나님의 말씀인 성경입니다. 그러나 언젠가부터 성경은 따분하고 재미없으며 어렵다는 미신이 교회 교육에 들어와 똬리를 틀었습니다. 교사와 전도사는 아이들이 지겨워하는 것을 가장 두려워하는 것 같습니다. 아이들이 교회에 오지 않을까 봐 말씀은 줄이고, 물을 타며, 부담 없게 만들고, 아이들 입맛에 맞추려 많은 인공 조미료(?)를 칩니다. 교회 교육 지도자들은 아이들의 환심을 사기 위해, 아이들의 기쁨을 확보하기 위해 온갖 아이디어를 짜내는 엔터테이너가 되어가고 있는 것 같습니다. 무슨 간식을 먹일까, 무슨 그림을 보여줄까, 무슨 프로그램이 재미있을까, 어떻게 해야 더 많은 아이가 교회로 몰려올까, 어떤 장식을 해야 분위기가 살까, 교사들이 무슨 색의 앞치마를 둘러야 아이들이 좋아할까….

속지 마십시오. 아이들이 정말 필요로 하는 것은 엔터테인먼트가 아니라 하나님의 말씀입니다. 실상 아이들은 생명을 주는 진리의 말씀을 듣기 원합니다. 한 기독교 사회학자가 교회를 등진 대학생들을 인터뷰해 무엇이 그들을 기독교 신앙에서 돌아서게 했는지를 알아보았습니다.[40] 그들의 대답을 요약하자면, 교회가 말씀은 적게 가르치고 놀이를 많이 했다는 (Bible less, Play more) 것입니다. 아이들이 교회를 떠날까 봐 사용한 엔터테인먼트 전략이 오히려 아이들을 교회에서 떠나게 만든 현실을 말해주고 있는 것입니다. 그렇다면 이제라도 우리는 그와 반대로 해야 합니다.

하나님의 말씀으로 하나님의 사람을 세우려면, 우리 사역자들이 먼저 그 말씀을 배우는 학생이 되어야 합니다. 말씀과 씨름하지 않은 채 공과책만 한 번 쓱 훑어보고, 성경을 진리가 아닌 동화로 들려준 주일학교 교사들 때문에 많은 영혼이 허기져서 교회를 떠났습니다. 내 손으로 성경을 펴고, 내 눈으로 본문을 읽고, 내 머리로 본문을 이해하고, 내 가슴으로 그 본문을 통해 말씀하시는 음성을 들어야 합니다. 구약의 거짓 선지자들은 하나님의 말씀을 듣지 못했지만 들은 것처럼 가장

하며 "만군의 여호와께서 이르시되"라는 말을 포장지 삼아 자신의 생각을 전달했습니다(렘 23:21-22). 자기 생각을 하나님 말씀처럼 포장한 짝퉁 메신저들이었지요. 그들은 그런 식으로 사람들이 듣고 싶어 하는 격려와 축복의 말로 사람들의 마음을 훔쳤습니다. 그리하여 그릇된 삶을 살던 백성이 하나님을 향해 회개하고 돌아설 기회를 빼앗았습니다.

다음세대 사역자일수록 하나님의 말씀을 더욱 정확하게 연구해야 합니다. 속지 마세요. 아이들은 어른들처럼 다 이해하지는 못하지만, 오히려 어른들보다 더 민감한 영적 감각을 지니고 있고 하나님의 은혜를 느낄 수 있습니다. 하나님의 말씀으로 하나님의 사람을 세우는 일은 다리를 놓는 작업입니다. 본문을 통해 주시는 진리의 말씀으로 내 앞에 있는 아이들의 문제에 답함으로써 그들의 삶을 바꾸는 것입니다. 아이들도 삶의 문제로 고통당하고 있고, 어떻게 해야 할지 답을 찾고 있습니다. 말씀을 통해 예수님이 뭐라고 답하시는지 사역자가 모른다면 그들을 결코 도울 수 없습니다.

세 역할

모델

목회자가 되었든, 부모가 되었든, 주일학교 교사, 기독교 학교 교사가 되었든 우리 어린이들에게 확실한 믿음을 대물림하는 가장 강력한 방법은 모델링입니다. 하나님이 그렇게 말씀하셨습니다.

> 이스라엘아 들으라 우리 하나님 여호와는 오직 유일한 여호와이시니 너는 마음을 다하고 뜻을 다하고 힘을 다하여 네 하나님 여호와를 사랑하라 오늘 내가 네게 명하는 이 말씀을 너는 마음에 새기고 네 자녀에게 부지런히 가르치며 집에 앉았을 때에든지 길을 갈 때에든지 누워 있을 때에든지 일어날 때에든지 이 말씀을 강론할 것이며 너는 또 그것을 네 손목에 매어 기호를 삼으며 네 미간에 붙여 표로 삼고 또 네 집 문설주와 바깥문에 기록할지니라. _신명기 6:4-9

저는 이 구절을 어린이 사역의 중심축으로 여깁니다. 이 본문을 공부하고 묵상하던 어느 날, 저는 이 긴 본문이 네 동사의 기둥 위에 서 있음을 발견했습니다. 이것을 기억하고, 잊어버리지 않기 위해 저는 알파벳 L자로 시작하는 영어 단어 4개를 사용했습니다. 우리가 먼저 말씀을 통해 자신을 계시하시는 참 하나님을 알고(Learn), 모든 것을 다해 하나님을 사랑하며(Love), 그분의 말씀에 순종하여 살아감으로써(Live), 하나님을 알고 사랑하며 말씀대로 사는 믿음을 다음세대에 물려주는(Leave) 것입니다. 이 네 동사는 단지 자녀 양육의 지혜나 기술만 제공하지 않습니다. 한 세대가 다음세대에 믿음을 대물림하는 중요한 원리를 제공합니다. 이 네 개의 동사 중 아이들과 관련된 것은 맨 마지막 동사 하나뿐입니다. 믿음을 물려주는 것은 선행되는 세 동사의 동작이 있을 때만 가능합니다. 가정에서든 교회에서든 학교에서든 우리 세대가 먼저 참 하나님을 알고(Learn), 모든 것을 다해 하나님을 사랑하며(Love), 그분의 말씀에 순종하여 살아가야만(Live), 하나님을 알고 사랑하며 말씀대로 사는 믿음을 다음세대에 물려줄(Leave) 수 있습니다. 이 과정이 반복되고 지속될 때만 신앙 공동체는 온 세상을 축복할 하나님 백성의 공동체로 존속할 수 있습니다. 한국 교회의 내일은 당신과 제가 얼마나 바른 모본을 보여줌으로 다음세대에 믿음을 물려주느냐에 달려 있습니다.

메인스테이

　메인스테이(mainstay)란 풍력선의 주 돛대가 거센 바닷바람을 견디도록 붙들어주는 밧줄을 말합니다. 어린이 사역자로서 우리가 맡은 일은 세상의 역풍 속에서 믿음의 중심이 흔들리지 않도록 아이들을 붙들어주는 것입니다. 이 역할이 얼마나 중요한지는 유다 16대 왕 요시야를 통해 분명히 알 수 있습니다.

　예레미야가 선지자로 활동을 시작할 무렵, 유다의 영적 토양은 심각하게 황폐화되었고, 영적 기후는 매우 고르지 못했습니다. 유다의 14대 왕 므낫세는 하나님을 섬기는 제사장들과 경건한 지도자들을 대거 숙청하고 학살했습니다. 심지어는 자기 아들까지 우상의 제물로 잡아 불태워 바치는 악행을 시범으로 보이며 백성에게 우상 숭배를 장려했습니다. 하나님의 율법책을 몰수하여 폐기하려고까지 했습니다. 므낫세가 학정을 일삼은 55년간, 나라는 극도로 황폐해졌습니다. 그의 아들 아몬은 아버지의 악행에 더해 나라를 더욱 위태롭게 만들었습니다. 2년의 재위 기간에 그의 역점 사업은 성전을 약탈하고 전국을 더러운 우상 종교로 채우는 일이었습니다. 그는 여덟 살짜리 어린 왕자 요아스를 남겨놓은 채 신하들에게 암살당했습니다. 예레미야의 시대는 이렇게 미약한 왕좌와 더럽혀

▶ 어린이 사역자는 세상의 역풍 속에서도 믿음의 중심이 흔들리지 않도록 아이들을 붙들어주어야 합니다.

진 왕관, 황폐한 조국, 폐허가 된 성전이 말해주듯 어둡고 불행한 시대였습니다. 하나님의 법을 잊은 백성은 음란한 거짓 신들을 섬기며, 그런 신들을 반영하는 음란하고 타락한 삶을 살았습니다. 이런 시대에 소망이 있겠습니까?

하지만 하나님은 경건한 메인스테이들을 통해 요시야를 세워주셨습니다. 대제사장 힐기야, 여선지자 훌다, 스바냐, 예레미야 같은 선지자들은 오랜 시간 요시야를 붙들어준 중요한 메인스테이였습니다. 특히 예레미야는 요시야 통치 13년부터 적어도 18년 동안 그의 곁에 머물며 메인스테이가 되어주었습니다. 이들이 메인스테이로서 사역한 결과 어떤 일이 벌어졌습니까?

　요시야는 8세에 왕위에 올라, 16세에 다윗의 하나님을 구했습니다. 다윗을 그의 롤 모델로 삼은 것입니다. 20세에는 나라를 대청소했습니다. 예루살렘과 유다의 우상을 혁파하고, 우상을 섬긴 제사장들의 뼈를 무덤에서 꺼내 불태웠습니다. 26세가 되자, 요시야는 성전을 수리합니다. 수십 년간 방치되었던 성전을 수리하고 청소하던 중 율법책을 발견했습니다. 그는 하나님 말씀의 빛 아래 자신의 나라와 백성의 삶을 비춰보며 두려움에 떨었습니다. 그는 전국적으로 회개 운동을 벌이고 유월절을 지키게 했습니다. 그러고는 이미 망한 이스라엘 온 지역을 찾아다니며 우상을 깨버리는 영적인 대청소를 감행했습니다. 하나님의 율법이 삶의 기준으로서 그 권위를 회복했고, 온 백성이 영적, 도덕적으로 건강한 삶을 살게 되었습니다. 열왕기하 23장 25절은 그의 생애를 이렇게 묘사합니다.

　　요시야와 같이 마음을 다하며 뜻을 다하며 힘을 다하여 모세의 모든 율법을 따라 여호와께로 돌이킨 왕은 요시야 전에도 없었고 후에도 그와 같은 자가 없었더라.

　당신은 중요한 사람입니다. 당신이 붙들어준 그 한 사람이 이 땅에 하나님의 나라를 확장할 이 시대의 요시야가 될 것이니까요.

멘토

사람은 관계 속에서 자랍니다. 오디세우스 왕은 트로이 전쟁에 나가며 자신의 어린 아들 텔레마코스를 친구인 멘토에게 부탁하고 떠납니다. 10여 년에 걸친 긴 전쟁을 마치고 돌아온 왕은 늠름하게 자란 왕자를 보며 크게 감동합니다. 그 일 이후 한 사람과 인격적인 신뢰와 사랑의 관계를 통해 사람을 세우는 것을 멘토링이라고 부르게 되었습니다.

아이들에게는 우리가 가르쳐주는 성경 지식이 필요할 뿐 아니라, 그들을 알아주고, 이야기를 들어주며, 살펴주고, 기댈 언덕이 되어줄 멘토가 필요합니다. 엘리 제사장이 떠오르네요. 아들들이 망나니로 자라도록 방치한 것 때문에 그 이름이 멸시를 받지만, 그를 통해서도 배울 수 있는 하나님의 교훈이 있습니다. 그는 육적, 영적으로 어두웠지만, 어쨌든 사무엘에게 하나님의 말씀을 듣는 법을 가르쳐준 멘토였습니다.

엘리가 사무엘에게 이르되 가서 누웠다가 그가 너를 부르시거든 네가 말하기를 여호와여 말씀하옵소서 주의 종이 듣겠나이다 하라 하니 이에 사무엘이 가서 자기 처소에 누우니라. _사무엘상 3:9

어린이 사역자로서 우리가 해야 할 가장 중요한 일은 어떻게 해서든지 아이들이 하나님의 말씀을 통해 하나님과 연결되도록 만드는 것입니다. 우리가 모델이 되어 아이들에게 영향을 미치려면 그리고 우리의 메인스테이 역할이 작동하려면, 아이들 곁에서 아이들과 인격적으로 접촉하는 멘토가 되어야 합니다.

네 동역자

기러기는 오릿과에 속하는 철새입니다. 오리 종류가 다 그러하듯 기러기도 짝을 만나면 평생 바꾸지 않는다고 합니다. 그래서 몇 대를 지나지 않아 대가족을 이루게 되지요. 저 하늘을 나는 기러기 떼는 모두 일가친척 관계로 엮여 있는 셈입니다. 기러기는 결코 혼자 날지 않습니다. 기러기는 함께 날 때 자기 에너지의 20-30퍼센트만 사용해도 날 수 있다고 합니다.

▶ 함께 일하도록 붙여주신 소중한 동역자들과 함께 일하는 법을 배워야 합니다.

이것이 기러기가 V자 모양으로 비행하는 이유입니다.[41] 앞서 나는 새가 날갯짓으로 공기의 저항을 줄여놓기 때문에 뒤에 있는 새는 훨씬 수월하게 날 수 있습니다. 어떤 경우에는 날갯짓을 하지 않고도 바람만 이용해서 따라갈 수 있다고 합니다. 맨 앞에 나는 새는 공기 저항을 가장 많이 받기 때문에 가장 많은 에너지를 쓰게 됩니다. 선두를 날던 새가 지치면 맨 뒤로 빠지고, 그 뒤에 있던 새가 앞으로 가 그룹을 인도합니다. 기러기들은 조용히 날지 않습니다. 계속 꽥꽥거리며 서로 응원합니다. 인간의 말로 번역하면 아마 이런 내용일 것 같습니다. "모든 게 정상이다." "걱정 말고 가라." "우리는 잘 따라가고 있다." "힘내자!" 그러다 어느 한 마리가 병이 나거나 낙오해서 땅으로 내려오면, 일행 중 두 마리가 같이 내려와 그 새가 건강을 회복하여 다시 비행할 수 있을 때까지 지상에 머문다고 합니다. 얼마나 놀라운 모습인가요?

하나님은 기러기들을 통해 우리를 가르치십니다. "혼자 일하지 말라." "같이 일하라." 어린이 사역자로서 함께 일하도록 붙여주신 소중한 동역자들과 함께 일하는 법을 배워야 합니다.

예수님

우리가 그 손을 놓치지 않아야 할 가장 중요한 동역자는 예수님입니다. 우리에게 이 일을 맡기신 예수님의 말씀을 다시 들어봅시다.

> 예수께서 나아와 말씀하여 이르시되 하늘과 땅의 모든 권세를 내게 주셨으니 그러므로 너희는 가서 모든 민족을 제자로 삼아 아버지와 아들과 성령의 이름으로 세례를 베풀고 내가 너희에게 분부한 모든 것을 가르쳐 지키게 하라 볼지어다 내가 세상 끝날까지 너희와 항상 함께 있으리라 하

시니라. _마태복음 28:18-20

왜 예수님과 함께 일해야 합니까? 우리의 일이 근원적으로 예수님의 일이기 때문입니다. 예수님이 우리를 함께 일할 동역자로 부르셨기 때문입니다. 그분만이 우리가 사역을 수행할 모든 능력과 지혜와 필요를 공급하실 능력을 지니셨기 때문입니다. 그리고 그분만이 우리의 동역자로서 약속대로 세상 끝까지 우리와 함께하시기 때문입니다.

그런데 예수님과 함께 일한다는 것을 너무 막연하게 생각하는 사람이 많습니다. 예수님을 신뢰해야 합니다. 성령으로 우리 속에 계신 예수님이 나의 왕이시며 주인이신 것을 늘 인정하고 의식하며 그분 말씀에 순종하는 것이 믿음입니다. 이렇듯 예수님을 내 사역의 감독님이자 주인님이자 사수(군대 용어를 썼습니다)로 인정하고 의식하며 의지하는 조수요 종으로 섬겨야 합니다. 사역의 모든 영역에서 그분이 왕 되심을 인정한다는 증거가 무엇일까요? 두 가지입니다. 첫째는 무슨 일이든 그분께 여쭙는 것이고, 둘째는 어떤 결정과 선택을 하든 예수님과 그분의 말씀에 순종하는 것입니다.

너는 마음을 다하여 여호와를 신뢰하고 네 명철을 의지하

지 말라 너는 범사에 그를 인정하라 그리하면 네 길을 지도하시리라. _잠언 3:5-6

부모

다시 한번 말합니다. 어린이 사역자는 다음세대 교육의 주체가 부모라는 사실을 잊지 말아야 합니다. 신명기 6장 4-9절을 비롯해 성경은 자녀의 신앙 형성의 1번지 책임을 가정과 부모에 두고 있습니다. 다음세대에게 지식을 전하는 것이 교육이라면 그 주체가 학교가 되는 것이 맞습니다. 그러나 아이들을 하나님의 백성으로 세우는 교육의 목표라면, 그 주체는 가정이 되어야 합니다. 예수님을 알고 사랑하며 그 말씀대로 살아가는 것이 무엇인지를 오감으로 체험하고, 영향을 받으며, 본받고, 훈련할 수 있는 살아 있는 교육장은 가정이기 때문입니다.

그러므로 어린이 사역자는 부모와 함께 일해야 합니다. 먼저 부모에게 영적 양육자로서의 책임과 인식을 심어주어야 합니다. 하나님이 위탁하신 자녀들을 믿음 위에 세우도록 부모를 끊임없이 격려하고 도와주어야 합니다. 부모가 그 책임을 담당할 때, 축복의 1번지 수혜자는 바로 부모 자신이 됩니다. 자녀를 가르치고 세우면서 자신의 변화와 성숙을 경험하게 되니까요. 부모가 자녀들을 세우면서 본인이 서고, 그로써 가정이 하늘나라 대사관으로 세워지며, 세상은 하나님 나라의 실체를 볼 기회를 더 많이 얻게 됩니다. 그러니 부모들에게 그 특권과 영광을 돌려줘야 합니다.

동료 사역자

예수님의 지상 사명은 개인에게 주신 사명이 아닌 제자 공동체에 주신 사명입니다. 그러므로 어린이 사역은 혼자 외롭고 힘들게 감당할 사역이 아닙니다. 예수님은 이미 부장님, 전도사님, 목사님, 장로님 등 일을 나누고 힘을 모아줄 사람들을 세워놓으셨습니다. 함께 일하는 것을 배우는 것도 어린이 사역자의 중요한 훈련 과목입니다.

'일을 나누고 힘은 모은다.' 저는 그것을 느헤미야 3장을 공부하면서 배웠습니다. 느헤미야를 공부하던 어느 날, 저는 3장에서 벽에 부딪혔습니다. 몇 번을 다시 읽어도 내게 무슨 말씀을 하시는지 전혀 감이 잡히지 않았습니다. 아무리 찾아보아도 묵상할 구절이 눈에 띄지 않았습니다. 그러나 3일 동안 읽고 또 읽고, 기도하며 묵상하기를 반복하면서 결국 저의 삶과 가정 그리고 제게 맡겨주신 교회 공동체를 건강하게 세우는 엄청난 자산을 얻게 되었습니다.

느헤미야는 안팎으로 어려움이 많았지만, 그런 상황에서도 52일 만에 총 연장 4킬로미터, 두께 3-4미터, 넓은 곳은 7미터 그리고 높이 4-5미터에 이르는 거대한 성벽을 완성했습니다. 이것이 어떻게 가능했을까요? 3장에서 제일 많이 반복되는 단어에서 그 힌트를 얻었습니다. '중수했다, 건축했다, 수축했다'는 말이 43번, "그다음"이라는 말이 28번 반복되어 각각 2, 3위를 차지합니다. 그렇다면 제일 많이 반복해서 나오는 말은 무엇일까요? 그것은 사람 이름입니다. 겹치는 이름 10개를 제외하면 75명이 등장합니다. 이 75명이 성벽 재건 작업을 나누어 한 것입니다. 4킬로미터의 공사를 45구간으로 나누고, 각자 책임을 분담해 성벽을 쌓았습니다. 이렇게 정리하고 나니, 느헤미야 3장이 한 문장으로 요약되었습니다.

'모든 사람이 일을 나누고 힘을 모아 성벽을 완성했다.'

하나님은 왜 이 이야기를 기록하셨을까요? 이것이 우리 삶과 사역에 무슨 관계가 있냐고요? 주어를 바꾸면 알게 됩니다.

'우리가 일을 나누고 힘을 모을 때, 우리는 하나님의 일을 이룰 수 있다.'

일을 나누고 힘은 모으는 집안과 교회, 회사와 사회는 잘

됩니다. 반대로 힘을 나누어 갖고 일은 몰아주는 곳은 어디를 막론하고 허물어집니다. 어린이 사역자로서 우리는 이 원칙을 잃지 않고 일해야 합니다. 일을 나누어주고 힘은 모아주는 원리를 배워야 합니다.

교회 공동체

아프리카 칼라하리 사막에는 미어캣(meerkat)이라는 아주 특별한 동물이 살고 있습니다. 그들은 놀라운 결속력으로 똘똘 뭉쳐 거칠고 위험한 황무지의 삶을 당차게 살아내고 있습니다. 그들이 직면하는 가장 큰 위험은 하늘에 떠다니는 매나 독수리 같은 맹금류입니다. 그들은 공동체를 지키기 위해 서로 교대하며 보초를 섭니다. 두 발로 꼿꼿이 서서 쉬지 않고 두리번거리며 천적의 출현을 경계합니다. 때로 더 멀리, 더 높이 보기 위해 나무 꼭대기에 올라 망을 보다가 떨어지기도 합니다. 공동체의 다른 미어캣들이 땅을 파며 애벌레 같은 먹이로 식사를 즐길 동안, 보초는 먹지도 마시지도 못하면서 충성스럽게 사방을 살핍니다. 그러다 적을 발견하면 경고음을 보내 모든 미어캣 가족이 굴속으로 피하게 합니다. 협동과 단결은 미어캣 가족의 가장 중요한 삶의 원리입니다.

▶ 하나는 모두를 위하고 모두는 하나를 위하는 것이 예수님이 세우신 교회 공동체의 모습입니다.

　또한 그들은 종족 보존을 위해 다음세대를 보호하고 키우는 일을 중요하게 여깁니다. 그들은 보초를 서는 것뿐 아니라, 다음세대를 돌보는 것도 순서를 정해 교대로 합니다. 새끼를 낳은 암컷들은 누구 새끼인지를 가리지 않고 자기 젖을 먹여 키웁니다. 미어캣은 공동체를 위해, 특별히 다음세대를 지키기 위해 자기 생명을 아낌없이 희생합니다. 다음세대를 지키기 위해 자기 몸으로 굴의 입구를 막습니다. 천적의 공격으로부터 새끼들을 보호하다 심각한 부상을 입으면, 다른 미어캣들은 그를 혼자 내버려두지 않습니다. 그 미어캣이 숨을 거둘 때까지 그의 곁을 떠나지 않고 지켜줍니다.

칼라하리 사막에서 이 작고 힘없는 동물들의 삶을 직접 보기도 하고 자료들을 찾아보면서 저는 많이 부끄러웠습니다. 이 작은 동물도 모두를 위해 자기를 희생하여 섬기고, 모두가 하나를 아끼고 섬기는데 우리는 어떻게 하고 있을까요?

하나는 모두를 위하고 모두는 하나를 위하는 것(One for all, All for one), 그것이 바로 예수님이 세우신 교회 공동체의 모습입니다. 성경은 이렇게 말합니다.

> 두 사람이 한 사람보다 나음은 그들이 수고함으로 좋은 상을 얻을 것임이라 혹시 그들이 넘어지면 하나가 그 동무를 붙들어 일으키려니와 홀로 있어 넘어지고 붙들어 일으킬 자가 없는 자에게는 화가 있으리라 또 두 사람이 함께 누우면 따뜻하거니와 한 사람이면 어찌 따뜻하랴 한 사람이면 패하겠거니와 두 사람이면 맞설 수 있나니 세 겹 줄은 쉽게 끊어지지 아니하느니라. _전도서 4:9-12

집단과 공동체는 다릅니다. 축구장 관중석에서 수만 명이 함께 소리를 지르며 응원한다고 해서 그들을 공동체라고 부르지 않습니다. 백화점 안에 많은 사람이 같은 공간에서 쇼핑을 즐기지만, 그렇다고 그들을 공동체라고 부르지 않습니다. 집단과 공동체의 차이는 그 안에 인격적인 사랑의 관계가 있는가로 정의됩니다. 그런 관계가 없다면, 그 어떤 사람들의 모임에도 공동체라는 말을 사용하지 않습니다.

어린이 사역자는 교회 공동체에 속해야 합니다. 교회 공동체를 소중히 여겨야 합니다. 공동체 안에서, 공동체와 함께, 공동체의 자원으로 공동체의 내일을 이어갈 세대를 키워야 합니다. 그러므로 교회 공동체로부터 기도와 격려와 지원을 받지 않고 각자도생(各自圖生, 제각기 살아 나갈 방법을 꾀함)해서는 이 일을 할 수 없습니다.

다섯 가지 역할

어린이 사역자의 역할이 무엇인지 정리할 필요가 있습니다. 앞에서 말했듯이 어떤 사람들은 아이들에게 공과를 가르치는 선생님의 역할로 생각합니다. 또 어떤 사람들은 어른들이 예배할 동안 아이들이 방해하지 못하도록 돌보는 베이비시터의 역할로 생각합니다. 또 다른 사람들은 귀여운 아이들과 놀아주는 행복한 놀이 친구라고 생각합니다. 그런 역할 이해가 틀렸다고 할 수 없지만, 예수님의 지상명령을 수행하는 어린이 사역자로서의 역할 인식에는 심하게 모자랍니다. 어린이 사역자가 가장 많이 하는 실수 중 하나는, 자신이 얼마나 소중한 일에 동원되었는지를 모르는 채 그 일을 하는 것입니다.

그런데 어린이 사역자의 역할은 누가, 어떻게 결정할까요? 예수님의 그리스도 되심이 그것을 결정합니다. 예수가 그분의 이름이라면, 그리스도는 그분의 직함입니다. 그리스도란 무슨 뜻일까요? 타락으로 말미암아 하나님의 임재를 잃어버린 인간은 지정의의 영역에 전인격적인 손상을 입었습니다. 혼돈과 공허와 어둠과 두려움에 버려진 인간을 구원하시기 위해, 하나님은 우리를 구원하여 회복시키실 구주를 보내주셨습니다. 그 약속된 구주를 구약에서는 메시아라고 부릅니다. 메시아는 '기름 부음을 받은 자'라는 뜻입니다. 구약에서는 하나님이 백성을 돌보시기 위해 세 부류의 지도자들을 세울 때 그 머리에 기름을 부었습니다. 하나님이 기름 부어 세우신 지도자는 왕과 선지자와 제사장입니다. 그러나 성경에 등장하는 모든 왕과 선지자와 제사장은 완전하지도 영원하지도 않았습니다. 이들은 언젠가 오실 완전한 왕과 선지자와 제사장이신 메시아를 가리키는 모형이기도 합니다. 그 약속된 메시아가 바로 예수 그리스도이십니다. 그리스도란 헬라어로 '기름 부음 받은 자'라는 뜻입니다. 예수님은 왕으로서 우리의 손상된 의지를,

선지자로서 우리의 손상된 지성을, 제사장으로서 우리의 손상된 감성을 회복하시는 완전하고도 영원한 사역자이십니다.

어린이 사역자는 어린이들을 전인적으로 회복시키시기 위해 바로 그 예수님이 쓰시는 동역자입니다. 예수님의 세 직분이 우리를 통해 실현되도록 기능하는 것이 어린이 사역자의 역할입니다. 저는 그것을 다섯 가지 역할로 정리했습니다.[42] 영어 단어의 앞 글자를 따서 CARES를 사용하면 어린이 사역자의 다섯 가지 역할을 기억하기가 쉽습니다. 어린이 사역자는 엄밀하게 말해 가르침을 주는(TEACH) 사람이라기보다 돌보아 주는(CARES) 사람입니다.

엄마의 역할(Cares)

엄마의 역할은 아기를 돌보는 것입니다. 엄마의 눈과 귀는 아이를 떠나지 않습니다. 어린이 사역자는 아이들을 마음으로 돌보는 엄마 같은 사람입니다. 이것은 예수님의 제사장적 기능을 수종드는 역할입니다. 엄마는 가난해도, 배운 것이 없어도, 예쁘지 않아도 괜찮습니다. 아기는 그저 엄마의 따뜻한 사랑의 돌봄을 받으며 자랍니다. 어쩌면 우리가 어린이들에게 줄 수 있는 가장 큰 축복은 엄마가 아가에게 주는 것과 같은 사랑의 눈길과 손길일 것입니다.

농부의 역할(Activates)

농부는 씨앗에서 나온 싹이 잘 자라고 꽃피며 열매 맺도록 식물을 보살핍니다. 식물을 향한 농부의 눈길과 손길은 아기를 돌보는 엄마의 그것과 다르지 않습니다. 제대로 싹이 트고 있는지, 영양분이 부족하지 않은지, 메말라 시들어가는 것은 아닌지, 병충해는 없는지 세심하게 관찰하고 대응합니다. 어린이 사역자는 아이가 영적으로 거듭났는지, 하나님의 말씀 안에 뿌리를 내리고 있는지, 하나님의 사람으로 자라가고 있는지 관찰하고 말씀으로 양육하는 사람입니다.[43] 이것은 선지자이신 예수님을 수종드는 역할입니다.

친구의 역할(Relates)

친구는 마음으로 사랑하고, 함께 시간을 보내며, 이야기를 들어주고, 서로를 도와줍니다. 어린이 사역자는 아이의 친구가 되어 그들의 마음을 알아주고 함께함으로 돌보는 사람입니다. 학업, 경쟁, 입시, 세상 유혹에서 아이들은 많이 눌리고 지쳐 있습니다. 이들에게는 그들의 마음을 알아주고, 그들의 말을 들어주며, 마음으로 함께 있어줄 마음의 친구가 필요합니다. 어린이 사역자는 어린이의 마음의 친구이어야 합니다. 이것은 제사장이신 예수님을 수종드는 역할입니다.

코치의 역할(Equips)

코치는 선수들이 가진 잠재력을 다 발휘하여 그들이 목표한 바를 달성하도록 훈련하고 이끌어주는 사람입니다. 어린이 사역자는 하나님이 아이에게 주신 은사와 재능을 개발해주고, 하나님의 뜻을 이루도록 아이들을 무장해주는 사람입니다. 아이들은 단지 어린 사람이 아닙니다. 이들은 이미 하나님 나라를 대표하는 어린 대사입니다. 이들을 무장하여 평생 그들이 심긴 곳에서 하나님 나라를 보여주어 전시(展示)하는 삶을 살도록 무장해주어야 합니다. 이것은 왕이신 예수님을 수종드는 역할입니다.

아버지의 역할(Supervises)

아버지는 한 가정의 지도자로서 가정이 질서 있고, 안전하며, 화평하도록 인도하고 돌보는 사람입니다. 이렇듯 어린이 사역자는 맡겨진 아이들이 반이든, 부서든, 전체 교회든 공동체 안에서 바른 관계를 맺으며 자라도록 감독하고 지도하며 돌보는 영적 아비입니다.[44] 또한 아이들이 평생 영적 복지를 누리며 살아갈 길을 교훈하고, 그릇된 길에 들어섰을 때 책망하며, 바른길로 돌아서도록 교정하고, 그 길을 따라가도록 격려하는 살아 있는 성경(living bible)입니다(딤후 3:16-17). 이것은 왕이신 예수님을 수종드는 역할입니다.

나가는 글

이제 거의 끝나갑니다. 부족한 글을 끝까지 읽어주셔서 고맙습니다. 제 부족한 여러 부분을 빼놓고, 당신도 저처럼 행복한 어린이 사역자가 되었으면 좋겠습니다. 당신이 저를 디딤돌로 밟고 앞으로 나아가 더 멋진 어린이 사역자로 주께 귀히 쓰임받기를 소원합니다. 주께서 당신을 그분과 손발이 잘 맞는 동역자로 다듬어 사용하시기를 축복합니다.

글을 마치면서 꼭 들려주고 싶은 이야기가 있습니다. 두 나무 이야기입니다. 저는 유학 시절 인도 선교사였던 선교학자 폴 히버트(Paul G. Hiebert) 박사에게 이 이야기를 들었습니다. 그런데 이 이야기는 저에게 녹아들어 삶의 이야기가 되었습니다. 저는 그렇게 살고 있고, 앞으로도 그렇게 살기를 소망합니다.

반얀 나무

인도에는 성장 패턴이 특이한 두 종류의 식물이 있답니다. 그중 하나는 반얀 나무(Banyan tree)입니다. 한자로는 대용수(大榕樹)라고 합니다. 석가모니가 그 밑에서 득도했다는 보리수나무가 바로 그 나무이지요. 이 나무는 공중에 뿌리를 내리는 것이 특징입니다. 나뭇가지에서 뿌리가 내려와 땅까지 닿으면, 땅속으로 파고들어 뿌리를 박습니다. 이 공중 뿌리는 점점 굵어져 결국 나무를 떠받치는 기둥이 됩니다. 사방으로 뻗어가는 가지마다 공중 뿌리를 내리고, 그것을 기둥으로 삼아 확장해가기 때문에 반얀 나무는 엄청난 크기로 자랍니다. 높이가 16미터, 둘레의 지름이 400미터에 이르기도 하는데, 이 정도면 나무 한 그루로 학교 운동장 하나를 덮을 수 있습니다. 심지어 인도의 어느 산에는 나무 기둥이 3천 개인 나무도 있는데, 웬만한 동산 하나를 다 덮을 정도의 크기라고 합니다.

그런데 반얀 나무는 너무 커서 지면을 완전히 덮기 때문에, 그 아래서는 풀 한 포기도 자라지 못한답니다. 이 거목이 모든 양분을 다 먹어 치우고, 햇빛을 독차지하기 때문입니다.

▶ 그 밑에서 풀 한 포기도 자라지 못하는 반얀 나무가 아닌, 나를 능가하는 더 건강한 새순을 세우는 바나나 나무가 되어야 합니다.

바나나 나무[45]

인도에 온 숲을 뒤덮는 또 다른 종류의 나무가 있답니다. 바로 바나나 나무입니다. 바나나는 1년생 식물입니다. 그런데도 생후 6개월이면 3-4개의 새순을 세웁니다. 그리고 나머지 6개월 동안 열매를 맺고 죽습니다. 그러면 자녀들이 죽은 어미의 몸을 거름 삼아 6개월 동안 자라면서 또 다른 새순을 만들고, 열매를 맺고 죽습니다. 이런 과정을 반복하며 한 그루였던 바나나 나무는 머지않아 온 산을 덮게 된다고 합니다.

반얀 나무 같은 큰 인물이 되어야만 세상에 영향을 줄 수 있는 것이 아닙니다. 큰 인물이 되지 않고도 세상을 바꿀 수 있는 좋은 길이 있습니다. 바나나 나무처럼 나를 능가하는 더 건강하고 아름다운 새순을 세우는 것입니다. 바울은 세상을 바꿀 수 있는 지혜를 이렇게 말합니다.

> 또 네가 많은 증인 앞에서 내게 들은 바를 충성된 사람들에게 부탁하라 그들이 또 다른 사람들을 가르칠 수 있으리라. _디모데후서 2:2

이 말씀을 어린이 사역자 버전으로 풀어 쓰면 '하나님의 말씀으로 하나님의 세대를 세우라'고 할 수 있습니다. 예수님이 바울을 세우셨듯, 바울이 디모데를 세웠듯, 디모데가 충성스러운 사람들을 세우고 그들이 또 다른 사람들을 세웠듯 우리 앞에 있는 어린이들을 예수님의 제자로 세움으로써 우리는 세상을 변화시킬 수 있습니다. 저는 이것을 '바나나이즘'(Bananaism)이라고 부릅니다.

주일학교 교사였던 에드워드 킴볼(Edward Kimball)은 불우한 소년 무디(Moody)를 하나님의 사람으로 세우고 세상을 떠났습니다. 무디는 모르드게 함(Mordecai Ham)을 세우고 떠났습니다. 모르드게 함은 빌리 그레이엄(Billy Grayham)을 세워놓고 떠났습니다. 빌리 그레이엄은 전 세계의 많은 영혼을 복음 사역자로 세워놓고 떠났습니다. 저도 몇 대에 걸친 그분의 영적 후손 중 한 사람입니다. 이야기는 이렇게 이어져야 합니다.

"양승헌은 _____를 세워놓고 떠났다."

저는 이 빈칸에 한 명이라도 더 많은 어린이 사역자의 이름을 채워 넣기 위해 남은 생애 최선을 다할 것입니다. 이제 당신이 답할 차례입니다. 당신은 어떻게 하실 건가요?

어린이 사역, 이 영광스러운 사역으로 당신을 초대합니다.

주

제1장

1. 레지 조이너, 『싱크 오렌지』(*Think Orange*, 디모데, 2011), 89.
2. 목회데이터연구소, "기독교 통계(143호)- 포스트 코로나 시대 교회학교 전략 방향"(2022. 05. 31). 이 조사는 서울 서부와 일산 지역 등 도시에 분포한 교회에 국한하여 실시되었습니다. 그럼에도 서울서북노회(예장통합)의 교회 중 교회학교를 운영하는 비율은 57퍼센트입니다. 나머지 43퍼센트의 교회는 어린이 및 청소년이 없거나, 있어도 너무 적어서 교회학교 운영을 못 하고 있습니다. 초등학교 어린이 부서를 운영하는 비율은 55퍼센트, 중고등부를 운영하는 비율은 48퍼센트였습니다. 농어촌 지역 교회는 통계조차 없어, 추정한다면 한국 교회 절반 이상은 주일학교를 운영하지 못하고 있다고 추정할 수 있습니다. http://www.mhdata.or.kr/bbs/board.php?bo_table=gugnae&wr_id=57.

제2장

3. Thayer's Greek Lexicon, STRONGS NT 3816, παῖς.
4. Catherine Stonehouse & Scottie May, *Listening to Children on the Spiritual Journey: Guidance for Those Who Teach and Nurture* (Grand Rapids, MI: Baker Academy, 2020), 22.

제3장

5.
   - 너희를 내 백성으로 삼고 나는 너희의 하나님이 되리니 나는 애굽 사람의 무거운 짐 밑에서 너희를 빼낸 너희의 하나님 여호와인 줄 너희가 알지라. _출애굽기 6:7
   - 오직 내가 이것을 그들에게 명령하여 이르기를 너희는 내 목소리를 들으라 그리하면 나는 너희 하나님이 되겠고 너희는 내 백성이 되리라 너희는 내가 명령한 모든 길로 걸어가라 그리하면 복을 받으리라 하였으나. _예레미야 7:23
   - 이 언약은 내가 너희 조상들을 쇠풀무 애굽 땅에서 이끌어내던 날에 그들에게 명령한 것이라 곧 내가 이르기를 너희는 내 목소리를 순종하고 나의 모든 명령을 따라 행하라 그리하면 너희는 내 백성이 되겠고 나는 너희의 하나님이 되리라. _예레미야 11:4
   - 너희는 내 백성이 되겠고 나는 너희들의 하나님이 되리라. _예레미야 30:22
   - 내가 너희 조상들에게 준 땅에서 너희가 거주하면서 내 백성이 되고 나는 너희 하나님이 되리라. _에스겔 36:28
6. 〈현대선교〉 24호(GMF Press, 2020), 박형진, "선교역사가 소개: 앤드류 월스(Andrew Walls)", 215-241.
7. '4/14 윈도우'라는 용어는 세계적인 선교 전략가 루이스 부시(Luis Bush)가 *The 4/14 Window: Raising Up a New Generation to Trnsform the World*(Compassion Intl, 2009)라는 책을 통해 발표한 새로운 선교 개념입니다.
8. 이 이야기는 저의 책 『크리스천다움』(디모데, 2016) 177쪽과 『크리스천 티칭』(디모데, 2012) 39쪽에도 실려 있습니다.
9. 이 이야기는 저의 책 『크리스천다움』 180쪽과 『크리스천 티칭』 41쪽에도 실려 있습니다.

제4장

10. 소마도에서 겪었던 이야기는 『크리스천다움』 136-138쪽에서 자세히 다루었습니다. 그런데 김화열 집사를 만나 대화하면서, 그 섬이 진도군 조도면 소마도라는 것과 그때가 겨울이 아닌 여름이었다는 사실을 확인하게 되었습니다. 내용을 정정합니다.
11. https://www.sefaria.org/Chagigah.2b.1?lang=bi에서 발췌했습니다.
12. 사두 선다 싱, 『사두 선다싱 전집』(은성, 2005) 제7권. 이 내용은 저의 책 『크리스천다움』 34쪽에도 실려 있습니다.
13. Scottie May, Beth Posterski, Catherine Stonehouse and Linda Cannell, *Children Matter: Celebrating Their Place in the Church, Family, and Community*(Wm.B. Eerdmans Publishing Co, 2005), 52-53.
14. 산파가 여러 아기를 받다 보면 실천적인 지혜가 쌓이듯, 실제로 해보아야만 아이의 영적 삶을 출범시킬 수 있습니다. 영적 조산법 원리는 다음의 책에서 자세히 배울 수 있습니다. 머조리 소더홀름(Marjorie Soderholm), 『어린이에게 구원을 설명하려면』(디모데, 1992); 양승헌, 『어린이.come』(디모데, 2001), 127-158.
15. 저는 아이들에게 '하나님을 영화롭게 함'이라는 중요한 말을 가르칠 때마다, 그들이 느끼는 막막함을 보아왔습니다. 하나님의 영광이란 어른에게도 어려운 개념입니다. 그래서 저는 어린이가 쉽게 인식하도록 '하나님을 기쁘시게 함'이라는 말로 바꾸어 가르쳤습니다. 이 둘의 개념은 다릅니다. 하지만 그분을 기쁘시게 하는 것은 영화롭게 하는 일의 일부가 분명합니다. 아쉽지만, 우선 아이들을 그렇게 가르치기 시작하는 것이 옳다고 판단했습니다.
16. 로널드 하버마스와 클라우스 이슬러는 예수 그리스도의 구속으로 회복되어야 할 네 개의 범주를 다음과 같이 4C로 규정했습니다.

       Communion: 하나님과의 관계 회복
       Character: 자신과의 관계 회복
       Community: 공동체와의 관계 회복

Commission: 세상과의 관계 회복

로널드 하버마스, 클라우스 이슬러, 『화목을 위한 가르침』(Teaching for Reconciliation, 디모데, 1997), 42, 60-63.

제5장

17. 레지 조이너, 『싱크 오렌지』 89.
18. CEE 2-2 '승리하는 그리스도인의 가정' 과정은 크리스천 가정에 대한 성경적인 설계도를 제공합니다.
19. Scottie May, Beth Posterski, Catherine Stonehouse and Linda Cannell, *Children Matter: Celebrating Their Place in the Church, Family, and Community* (Wm.B. Eerdmans Publishing Co, 2005), 101-102.
20. 엘리엇 라이트(Elliott Wright)와 로버트 린(Rovert W. Lynn)은 주일학교는 비록 작지만 큰 학교로서, 죽은 학교이거나 죽어야 할 학교가 아니라 계승할 만한 가치가 있는 학교라고 옹호했습니다. 엘리엇 라이트, 로버트 린, 『크지만 작은 학교』(*The Big Little School*, 하늘기획, 2010).
21. 2022년 대한예수교장로회 통합 총회에서 보고한 '교세 현황' 통계는 한국 교회의 실제 모습을 볼 수 있는 매우 중요한 자료입니다. 한국 교회를 대표하는 중요한 교단의 상황을 통해 한국 교회 전반의 상황을 유추할 수 있기 때문입니다. 교단에 속한 9,476개 교회 중 전체 교인 수가 50명 미만인 교회는 5,165개 교회로 전체의 54.51퍼센트에 이릅니다. 전체 교인이 50명 이하인 경우, 전통적인 의미에서의 교회학교는 존립이 어려운 상태로 해석됩니다(http://new.pck.or.kr/bbs/board.php?bo_table=SM01_05&wr_id=1에서 발췌).
22. 존 웨스터호프 3세, 『교회의 신앙교육』(*Will Our Children Have Faith?*, 대한기독교교육협회, 1983).
23. 2022년 대한예수교장로회 통합 총회 보고 자료에는 10년간의 전

체 교인 수 데이터와 AAA 버전의 ETS(지수 평활법) 알고리즘을 사용하여 추계한 2031년까지 전체 교인 수 예측이 나와 있습니다. 현재 약 230만 명인 이 교단의 전체 교인 수가 앞으로 10년 후인 2033년에는 약 140-160만 명으로 줄어들 것이라고 예측했습니다. 이 통계는 한국 교회 전반적인 흐름을 내다볼 수 있는 자료라고 생각됩니다(http://new.pck.or.kr/bbs/board.php?bo_table=SM01_05&wr_id=1에서 발췌).

24. 지역 교회 담임목사님은 이들을 부서 사역자가 아닌 교회 공동체를 함께 섬길 팀으로 인식해야 합니다. 아이들은 학생이 아닌 공동체의 교인이니까요. 한 사역자는 담임 목사님과의 관계와 멘토링을 통해 건강한 사역의 자세, 바른 사역의 비전, 흔들리지 않는 사역의 원리를 배우게 됩니다. 그러나 담임목사님이 부서 사역을 맡긴 전도사의 교육적 사역을 훈련하는 것은 현실적으로 쉽지 않습니다. 이때 파이디온 사역자 훈련원에서 제공하는 CEE 과정을 온·오프라인으로 이수하도록 위탁할 수 있습니다.

25. 어린이 사역에 대한 소명이 있다고 해서 모든 평신도가 생업을 접거나 가정의 책임을 뒤로하고 신학 교육을 받을 수 있는 것은 아닙니다. 그래서 파이디온 사역자 훈련원에서는 삶과 사역의 현장을 떠나지 않고 자신이 속한 공동체의 다음세대를 양육할 평신도 사역자를 세우기 위해 CEE 과정에 '교육사 학교' 트랙을 마련했습니다. 교회는 사람을 뽑아 이런 훈련 과정을 이수하게 하여 공동체의 아이들을 양육하는 직책으로 임명할 수 있습니다.

26. 〈크리스천투데이〉"박상진 교수, 기독교 교육이 교회 교육의 '포로화'됐다"(2005. 9. 7, https://www.christiantoday.co.kr/news/163403에서 발췌). 기독교 학교 교육의 중요성을 좀 더 깊이 알고 싶다면 박상진 교수의 『기독교 학교 교육론』(예영커뮤니케이션, 2006)을 읽어보십시오.

27. 미국 대법원은 1962년과 1963년에 두 건의 판결을 통해 학교에서 기독교 기도와 종교 교육을 금지하는 원칙을 세우기로 결정했습

니다. 이 중 주요한 두 판례는 "Engel v. Vitale"(1962)과 "Abington School District v. Schempp"(1963)입니다. "Engel v. Vitale"의 경우 대법원은 뉴욕주 학교에서 기독교 기도문을 읽는 것이 위헌이라고 판결했습니다. "Abington School District v. Schempp"의 경우 펜실베이니아주 학교에서 매일 성경을 읽고 기독교 기도를 강제하는 것을 금지하는 판결을 내렸습니다. 이로 인해 미국 공립학교는 종교적인 행위나 교육을 강제해서는 안 된다는 원칙이 확립되었습니다(https://en.wikipedia.org/wiki/Abington_School_District_v._Schempp에서 발췌).

28. 2024년 1일 22일 대법원 전원합의체(주심: 김영란 대법관)는 학내 종교행사에 이의를 제기하고, 1인 시위를 벌이다 퇴학당한 강의석(24)씨가 자신의 모교인 대광고등학교와 서울시를 상대로 낸 손해배상 청구소송 상고심(2008다38288)에서 "대광고는 원고에게 손해배상책임이 있다"고 판결했습니다. 강의석 씨는 기독교 재단인 대광고 3학년이던 지난 2004년 학교의 일방적인 종교 교육으로 신앙의 자유를 침해받았다며 1인 시위를 벌이다 퇴학당한 뒤 "학교의 종교 행사 강요로 헌법이 보장하는 종교·양심의 자유와 평등권을 침해당했고, 퇴학 처분으로 인해 정신적 고통을 입었다"며 학교와 서울시를 상대로 손해배상 소송을 냈습니다. 〈법률 신문〉 "미션스쿨도 학생의 종교 자유 인정해야"(2024. 1. 27, https://www.lawtimes.co.kr/Case-curation/52220에서 발췌).

29. 한국 교원단체 총연합회 등 교육 단체들이 초, 중, 고교생과 학부모, 교사 등 2,866명을 대상으로 한 "교육공동체 인식 조사" 결과 학생의 50퍼센트, 학부모의 59퍼센트가 우리나라 교육으로 인해 고통스럽다고 답했습니다. 특히 고교생은 81퍼센트, 고교생 학부모는 74퍼센트로 그 비율이 더 높았습니다. 초, 중, 고 교사의 72퍼센트는 학생 지도가 고통스럽다고 응답했습니다. 〈KBS 뉴스〉 "고교생 81퍼센트, 우리나라 교육이 고통"(2013. 5. 14, https://news.kbs.co.kr/news/pc/view/view.do?ncd=2658678에서 발췌).

30. 교과 내용을 기독교적 세계관과 통합하는 것에 대한 확신을 심어준 책은 알버트 그린(Albert E. Greene)이 쓴 『알버트 그린 박사의 기독교 세계관으로 가르치기』(*Reclaiming the Future of Christian Education: A Transforming Vision*, CUP, 2009년)와 프랭크 개블라인(Frank E. Gaebelein)이 쓴 『신본주의 교육』(*The Pattern of God's Truth: The Integration of Faith and Learning*, 기독교문서선교회, 2020)입니다.
31. 기독교학교 교육연구소(소장: 박상진 교수)에서는 교육을 회복시키는 주체로 '기독 학부모'를 세우기 위해 기독 학부모 교실을 운영합니다. 2007년부터 지역 교회에서 활용할 수 있는 체계적인 학부모 훈련 과정을 개발하여 보급하고 있습니다.

제6장

32. 양승헌, 『크리스천 스토리텔러』 204.
33. 양승헌, 『크리스천다움』 235-236.
34. 웹사이트 Treehugger, "8 Amazing Facts About Albatrosses"(2022. 7. 8, http://en.wikipedia.org〉wiki〉Albatross에서 발췌).
35. CEE 1-3 '한눈에 보는 성경'은 성경의 큰 그림을 한눈에 보는 것을 훈련하는 과정입니다. CEE 3-2 '개인성경연구'는 개인적으로 성경을 공부하는 방법을 훈련하는 과정입니다.
36. 저는 이 축복을 다른 사람과 공유하고 싶어 책으로 썼습니다. 양승헌, 『크리스천 기도』(디모데, 2013).
37. 신명기 4장 10절은 "네가 호렙산에서 네 하나님 여호와 앞에 섰던 날에 여호와께서 내게 이르시기를 나에게 백성을 모으라 내가 그들에게 내 말을 들려주어 그들이 세상에 사는 날 동안 나를 경외함을 **배우게** 하며 그 자녀에게 **가르치게** 하리라 하시매"라고 말합니다. 여기서 동사 '배우다'와 '가르치다'는 같은 단어 라마드(למד)를 사용하고 있습니다. 라마드는 칼 어간에서는 '배우다'를

의미하고, 피엘 어간에서는 '가르치다'를 의미합니다.

38. C. S. 루이스, 『순전한 기독교』(*Mere Christianity*, 홍성사, 2002), 301-302.

39. 이 이야기를 좀 더 자세히 알고 싶다면, 조시 프랭클린(Josh Franklin)의 글 "Yochanan Ben Zakkai and Yavne"를 참고하세요(https://www.sefaria.org/sheets/109324?lang=bi). 이 이야기는 저의 책 『크리스천 티칭』 125-128쪽에도 나옵니다.

제7장

40. 2013년 7월 2일자 〈크리스천 포스트〉(*Christian Post*)에는 에릭 메탁사스(Eric Metaxas)가 "젊은 무신론자에게서 배울 점: 왜 그들은 기독교를 떠났는가"라는 주제로 신앙을 잃어버린 많은 젊은이를 설문한 내용이 실려 있습니다. 충격적이게도 조사에 응한 젊은이 중 많은 수가 교회에서 어린 시절을 보냈고, 청소년 그룹의 리더로 섬기는 등 활발하게 활동했습니다. 그런 그들을 무신론자로 만든 것은 다름 아닌 "성경을 진지하게 가르치지 않는 목회자들의 모습"이었습니다. 그중 한 청년은 자신이 다니던 교회의 청소년부 목회자가 바뀌기 시작한 후부터 교회와 멀어지기 시작했다고 밝혔습니다. 그는 성경에 흥미를 느낄 수 있도록 가르쳤던 이전 목회자와 달리, 새로 부임한 목회자는 성경을 가르치는 시간을 줄이고 다른 활동을 늘렸다고 말했습니다. 메탁사스는 "필에게 신앙적 도전을 주기보다는 그의 '비위를 맞추고자' 했던 교회의 시도가 오히려 그를 신앙에서 떨어뜨려 놓았다"라고 주장합니다. 그는 "오늘날 청소년 사역은 대부분 어떻게 하면 그들을 지루하게 하지 않을까에 초점이 맞춰져 있고, 그 결과 그들을 재미있게 해주는 데 많은 시간이 할애된다"라고 밝혔습니다. 그러나 "성경을 가르치기보다는 즐겁게 놀아주거나 '친구'가 되려고만 애쓰는" 목회자들은 어린 교인들을 점차 교회에서 멀어지게 하고, 결국 필과

같은 젊은 무신론자들을 키워낸다고 그는 우려했습니다(https://www.christianpost.com/news/learning-from-young-atheists-what-turned-them-off-christianity.html에서 발췌).

41. https://en.wikipedia.org/wiki/V_formation에서 발췌했습니다.
42. CEE 1-4 '반목회' 과정은 이 다섯 가지 역할(CARES)을 어떻게 수행해야 할지에 대해 자세한 내용을 다룹니다.
43. CEE 2-1 '다이나믹 성경교수'와 CEE 2-3 '한눈에 보는 교리'는 어린이 사역자가 아이들을 바른 말씀과 믿음에 서도록 돕기 위해 준비된 훈련 과정입니다.
44. CEE 2-4 '주일학교 목회'는 주일학교의 지도자로서 역할을 감당하도록 하기 위해, CEE 3-4 '교육지도자론'은 사역자로서의 리더십을 훈련하기 위해 준비된 과정입니다.

나가는 글
45. 이 이야기는 저의 책 『크리스천다움』 181쪽에도 실려 있습니다.

부록

내일을 보리 (교사의 노래)

작사 양승헌 작곡 전종혁

나를 사랑하느냐 — 내 양을 먹이라 — 아이들이
— 내게 음을 — 금하지 말라 — 한 영혼 — 한 생명이 — 우리의 내일 —
나를 사랑하느냐 — 내 양을 먹이라 — 나를 믿고
— 맡겨주신 — 주님의 보배 — 한 영혼 — 한 생명이 — 우리의 내일
— 예수님 — 의 사랑으로 가슴에 품고
예수님의 말씀 위에 굳게 세우면 — 주님 영광 밝게 빛날
내일을 보리 — 주님 나라 온 땅 덮을 — 새날을 보리 —

Copyright © Paidion Ministries